ratio

Band 16

SALLUST
DE CONIURATIONE CATILINAE

mit Begleittexten

bearbeitet von
Wolfgang Wehlen

C.C. Buchners Verlag · Bamberg

ratio

Lernzielbezogene lateinische Texte
in Verbindung mit Erich Happ und Klaus Westphalen
herausgegeben von Gerhard Jäger

Ein ausführlicher Kommentar zu dieser Ausgabe
ist unter ISBN 3 7661 **5786** 8 lieferbar.

2. Auflage 2^{4321} 1989
Die letzte Zahl bedeutet das Jahr dieses Druckes.

Alle Drucke dieser Auflage sind, weil untereinander unverändert, nebeneinander benutzbar.

ISBN 3 7661 **5766** 3

Einband: Peter Hofmann, Bamberg
Gesamtherstellung: Druckerei Bussard, Gundelsheim

Inhalt

Vorwort

Seit langem gehört Sallusts ,,Catilina" zum festen Bestand des lateinischen Lektürekanons. Ein moderner Lehrplan fordert die ,,Kenntnis eines Hauptwerks der römischen Geschichtsschreibung", ,,Einsicht in Denk- und Verhaltensweisen bedeutender Persönlichkeiten der römischen Geschichte" und ,,Einblick in die Struktur politischer und sozialer Krisen".
Sallust ist ein Autor, dessen Interpretation folgerichtig zur Erfüllung solcher Lernziele führt. An ihm lassen sich die spezifischen Probleme des politischen Historikers aufzeigen — des Mannes, der die Geschichte seiner Zeit schreibt und leidenschaftlich Stellung bezieht. In seinem Geschichtswerk werden die ,,Grundwerte römischer Staatsgesinnung" besonders klar, die dem Schüler in anderen Schriften wiederbegegnen und im Transfer Gemeinsamkeiten und Gegensätze auch zur Moderne kenntlich machen. Die Geschichtsphilosophie Sallusts lädt zu einer Diskussion ein, die überzeitliche Probleme der politischen Ethik berührt.
Die angefügten Fragen, Arbeitsvorschläge und Referatthemen sollen nicht gängeln, sondern helfen, auch Lernziele der politischen Bildung zu erreichen. Im Sinne des ,,existentiellen Transfer", den H. Munding gerade bei lateinischen Historikern betont hat, werden auch Themen gestellt, die dem jungen Menschen auf seine persönliche Situation übertragbare Erkenntnisse vermitteln.
Da im Schulalltag der ,,Catilina" oft das einzige Beispiel für die antike Geschichtsschreibung ist, sind die Begleittexte mit ihren Fragen so ausgewählt, daß sie Probleme der Historiographie als solcher erhellen.
Auch der für Schüler und Lehrer in gleicher Weise gedachte Arbeitskommentar berücksichtigt besonders dieses Lernziel (,,Bewußtsein von der Problematik einer objektiven Geschichtsdarstellung"). Er bietet nach einer Einleitung zu Sallusts Leben und Werk gründlichere sachliche Erklärungen und weist auf stilistische Erscheinungen hin. Die Ausgabe hat den unverdienten Vorzug, daß ihr Bearbeiter als einer der ersten mit dem grundlegenden wissenschaftlichen Kommentar von K. Vretska arbeiten konnte, der den neuesten Stand der Forschung zum ,,Catilina" repräsentiert.
Die Übersetzungshilfen unter dem Text, der, von wenigen Änderungen abgesehen, dem der Ausgabe von Haas-Römisch entspricht, berücksichtigen vor allem den sog. Münchner Wortschatz (Wortkunden von J. Lindauer und Raab/Keßler). Allerdings sind sie auf Grund von Unterrichtserfahrungen eher reichhaltiger ausgefallen. Bei manchen schwierigen Phrasen leistete die Übersetzung von J. Lindauer wertvolle Hilfe. Typische Eigenheiten bei Laut-, Formenlehre und Wortwahl sind in einem eigenen Verzeichnis zusammengestellt, auf das im Sublinea-Kommentar vor allem am Anfang in der Phase des Einlesens verwiesen wird. Zur weiteren Information dienen eine Zeittafel, eine Übersicht zur Gliederung des Gesamtwerkes und zahlreiche Literaturhinweise, die auf grundlegende, neuere, anregende und leicht greifbare Werke aufmerksam machen.
Herzlicher Dank gilt Prof. Dr. K. Westphalen und Dr. G. Jäger für den Auftrag sowie für Rat und Tat bei Gesamtkonzeption und Einzelfragen, Herrn OStD R. Hotz für das Lesen der Korrektur, dem C. C. Buchners Verlag für die verlegerische Betreuung.

C. SALLUSTI CRISPI

CATILINAE CONIURATIO

1 Omnis homines, qui sese student praestare ceteris animalibus, summa ope
niti decet, ne vitam silentio transeant veluti pecora, quae natura prona at-
2 que ventri oboedientia finxit. Sed nostra omnis vis in animo et corpore si-
ta est: animi imperio, corporis servitio magis utimur; alterum nobis cum
3 dis, alterum cum beluis commune est. Quo mihi rectius videtur ingeni
quam virium opibus gloriam quaerere, et quoniam vita ipsa qua fruimur
4 brevis est, memoriam nostri quam maxume longam efficere. Nam divitia-
rum et formae gloria fluxa atque fragilis est, virtus clara aeternaque habe-
tur.
5 Sed diu magnum inter mortalis certamen fuit, vine corporis an virtute ani-
6 mi res militaris magis procederet. Nam et prius quam incipias, consulto
7 et, ubi consulueris, mature facto opus est. Ita utrumque per se indigens al-
2 terum alterius auxilio eget. Igitur initio reges - nam in terris nomen imperi
id primum fuit - divorsi pars ingenium, alii corpus exercebant; etiam tum
vita hominum sine cupiditate agitabatur, sua quoique satis placebant.
2 Postea vero quam in Asia Cyrus, in Graecia Lacedaemonii et Athenienses
coepere urbis atque nationes subigere, lubidinem dominandi causam belli
habere, maxumam gloriam in maxumo imperio putare, tum demum peri-
culo atque negotiis compertum est in bello plurumum ingenium posse.

---

1 **omnīs = omnēs** (Akk. Plural) → F — **studēre:** hier mit A.c.I. — **sēsē:** verstärktes *sē* — **silentiō:** ,,unbeachtet'', ,,ohne daß man von ihnen spricht'' = ,,ruhmlos'' — **vītam trānsīre** → *vītam dēgere* — **prōnus** *(prō):* vorwärts geneigt, zur Erde gebeugt

2 **animī imperiō, corporis servitiō magis ūtimur** = *animō magis imperātōre, corpore magis servō ūtimur*

3 **quō rēctius** = *eō rēctius* (relat. Satzanschluß) — **ingenī** = *ingeniī* → F — **nostrī:** gen. obi. — **maxumē** = *maximē* → L

4 **flūxus** *(fluere):* fließend, flüchtig — **habētur:** ,,wird gehabt als ...'' = ist ein ... Gut (Besitz)''

5 **mortālīs** = *hominēs* → F → W — **prōcēdere** hier: Fortschritte machen, Erfolge erzielen

6 **et... cōnsultō et... factō opus est**: P.P.P. hier bedeutungsgleich mit Inf. — **cōnsulere** hier: überlegen

7 **indigēns** *(egēre):* bedürftig, unzureichend

2 **nōmen imperī** *(= imperiī)*: ,,Regierungsform'' → F — **dīvorsī** = *dīversī* (prädikativ zu *rēgēs)* → L — **etiam tum** hier: damals noch — **cupiditās** hier: Begehrlichkeit — **vītam agitāre** = *vītam agere* → W — **quoique** = *cuique* → L

2 **posteā vērō quam** = *postquam vērō* — **coepēre** = *coepērunt* → F — **urbīs** = *urbēs* → F — **lubīdō** = *libīdō* → L — **negōtia** hier: Unternehmungen — **plūrumum** = *plūrimum* → L

3 Quod si regum atque imperatorum animi virtus in pace ita ut in bello vale-
ret, aequabilius atque constantius sese res humanae haberent, neque aliud
4 alio ferri neque mutari ac misceri omnia cerneres. Nam imperium facile iis
5 artibus retinetur, quibus initio partum est; verum ubi pro labore desidia,
pro continentia et aequitate lubido atque superbia invasere, fortuna simul
6 cum moribus immutatur. Ita imperium semper ad optumum quemque a
minus bono transfertur.
7 Quae homines arant navigant aedificant, virtuti omnia parent. Sed multi
8 mortales, dediti ventri atque somno, indocti incultique vitam sicuti pere-
grinantes transiere; quibus profecto contra naturam corpus voluptati, ani-
9 ma oneri fuit. Eorum ego vitam mortemque iuxta aestumo, quoniam de
utraque siletur. Verum enim vero is demum mihi vivere atque frui anima
videtur, qui aliquo negotio intentus praeclari facinoris aut artis bonae fa-
mam quaerit.
3 Sed in magna copia rerum aliud alii natura iter ostendit. Pulchrum est be-
ne facere rei publicae, etiam bene dicere haud absurdum est; vel pace vel
bello clarum fieri licet; et qui fecere et qui facta aliorum scripsere, multi
2 laudantur. Ac mihi quidem, tametsi haudquaquam par gloria sequitur
scriptorem et auctorem rerum, tamen in primis arduom videtur res gestas
scribere: primum quod facta dictis exaequanda sunt; dehinc quia pleri-
que, quae delicta reprehenderis, malevolentia et invidia dicta putant, ubi
de magna virtute atque gloria bonorum memores, quae sibi quisque faci-
lia factu putat, aequo animo accipit, supra ea veluti ficta pro falsis ducit.

---

3 **imperātor** hier: Herrscher — **aequābilis:** gleichmäßig, ausgeglichen — **aliud aliō** (Adv.) **ferrī**: daß ,,alles in verschiedene Richtungen treibt (auseinanderstrebt)'' — **mūtārī atque miscērī** ,,drunter und drüber gehen'' — **cernerēs:** Irrealis der Gegenwart

5 **invāsēre** = *invāsērunt* → F

6 **optumus** = *optimus* → L

7 **quae** (Akk. d. Inhalts) **hominēs arant:** ,,Was die Menschen leisten als ...'' — **parēre** (m. Dat.) hier: bedingt sein durch etwas, abhängig sein von etwas

8 **peregrīnārī** *(peregrīnus)*: in der Fremde umherreisen — **trānsiēre** und **fuit:** Perfekt der Erfahrung; im Deutschen Präsens!

9 **vērum enim vērō:** aber wahrhaftig

3 **cōpia rērum:** ,,Fülle der Möglichkeiten'' — **fēcēre** *(= fēcērunt)*: erg. *facta* → F — **multī** (prädikativ) = ,,in großer Zahl''

2 **in prīmīs** = *imprīmīs* — **rēs gestae:** Geschichte — **facta dictīs** (Abl.) **exaequāre:** die Taten angemessen darstellen — **dehinc** = *deinde* — **dēlicta:** prädikativ, also: *...plerīque (ea), quae dēlicta* (als Fehler) *reprehenderis, ... dicta (esse) putant* — **aequō animō** hier: gleichgültig — **suprā ea** = *ea, quae suprā ea sunt* — **dūcere prō:** halten für (*accipit* und *dūcit* wie *putant* von *quia* abhängig)

3 Sed ego adulescentulus initio sicuti plerique studio ad rem publicam latus
sum, ibique mihi multa advorsa fuere. Nam pro pudore, pro abstinentia,
4 pro virtute audacia, largitio, avaritia vigebant. Quae tametsi animus
aspernabatur insolens malarum artium, tamen inter tanta vitia imbecilla
5 aetas ambitione corrupta tenebatur; ac me, quom ab reliquorum malis mo-
ribus dissentirem, nihilo minus honoris cupido eadem, qua ceteros, fama
4 atque invidia vexabat. Igitur ubi animus ex multis miseriis atque periculis
requievit et mihi reliquam aetatem a re publica procul habendam decrevi,
non fuit consilium socordia atque desidia bonum otium conterere, neque
vero agrum colundo aut venando, servilibus officiis, intentum aetatem
2 agere; sed a quo incepto studioque me ambitio mala detinuerat, eodem re-
gressus statui res gestas populi Romani carptim, ut quaeque memoria dig-
na videbantur, perscribere, eo magis quod mihi a spe, metu, partibus rei
publicae animus liber erat.
3 Igitur de Catilinae coniuratione, quam verissume potero, paucis absol-
4 vam; nam id facinus in primis ego memorabile existumo sceleris atque
5 periculi novitate. De quoius hominis moribus pauca prius explananda
sunt, quam initium narrandi faciam.
5 L. Catilina, nobili genere natus, fuit magna vi et animi et corporis, sed in-
2 genio malo pravoque. Huic ab adulescentia bella intestina, caedes, rapi-
3 nae, discordia civilis grata fuere, ibique iuventutem suam exercuit. Cor-
pus patiens inediae, algoris, vigiliae supra quam quoiquam credibile est.
4 Animus audax, subdolus, varius, quoius rei lubet simulator ac dissimula-

---

3 **ad rem pūblicam ferrī:** sich auf die Politik werfen, sich zur Politik hingezogen fühlen — **abstinentia:** Uneigennützigkeit, Unbestechlichkeit

5 **cupīdō** hier: = *cupiditās*

4 **requiēscere:** sich beruhigen — **neque vērō:** aber auch nicht, und erst recht nicht — **colundō** = *colendō* → L

2 **malus** hier: leidig — **carptim** *(carpere)*: in Auswahl — **perscrībere:** genau niederschreiben, sorgfältig aufzeichnen — **partēs reī pūblicae** hier: parteipolitische Interessen

3 **vērissumē** = *vērissimē* → L — **paucīs :** ergänze *verbīs* — **absolvere dē aliquā rē:** etwas darstellen

4 **exīstumō** = *exīstimō* → L — **novitās:** Neuheit, das Ungewöhnliche

5 **explānāre** *(plānus)*: erläutern, darstellen

5 **ingenium** hier: Sinnesart, Charakter

3 **algor:** Frost, Kälte — **vigilia** hier: Verzicht auf Schlaf — **suprā quam** = *magis quam*

4 **subdolus:** hinterlistig, heimtückisch — **quoius reī lubet** = *cuiuslibet reī* → L — **simulātor ac dissimulātor:** Substantive statt Part. Präs. „ein Meister in..." —

tor, alieni appetens, sui profusus, ardens in cupiditatibus; satis eloquen-
5 tiae, sapientiae parum. Vastus animus immoderata, incredibilia, nimis al-
6 ta semper cupiebat. Hunc post dominationem L. Sullae lubido maxuma
invaserat rei publicae capiundae, neque id quibus modis adsequeretur,
7 dum sibi regnum pararet, quicquam pensi habebat. Agitabatur magis
magisque in dies animus ferox inopia rei familiaris et conscientia scele-
8 rum, quae utraque iis artibus auxerat, quae supra memoravi. Incitabant
praeterea corrupti civitatis mores, quos pessuma ac divorsa inter se mala,
luxuria atque avaritia, vexabant.
9 Res ipsa hortari videtur, quoniam de moribus civitatis tempus admonuit,
supra repetere ac paucis instituta maiorum domi militiaeque, quo modo
rem publicam habuerint quantamque reliquerint, ut paulatim immutata
ex pulcherruma atque optuma pessuma ac flagitiosissuma facta sit, disse-
rere.

6 Urbem Romam, sicuti ego accepi, condidere atque habuere initio Troiani,
qui Aenea duce profugi sedibus incertis vagabantur, cumque iis Aborigi-
nes, genus hominum agreste, sine legibus, sine imperio, liberum atque so-
2 lutum. Hi postquam in una moenia convenere, dispari genere, dissimili
lingua, alius alio more viventes, incredibile memoratu est quam facile coa-
luerint: ita brevi multitudo dispersa atque vaga concordia civitas facta
3 erat. Sed postquam res eorum, civibus moribus agris aucta, satis prospera

---

aliēnī... suī: Genitive des substantivierten Neutrums — **profūsus** *(profundere)* verschwenderisch mit etw. — **ēloquentia:** Subst. zu *ēloquēns*

5 **vastus** hier: unersättlich

6 **post** hier: seit — **lubīdō maxuma** = *libīdō maxima* → L — **reī pūblicae capiundae** *(= capiendae)*: „die Staatsgewalt an sich zu reißen" → L — **dum** = *dummodō* wenn nur — **rēgnum** hier: Alleinherrschaft — **neque quicquam pēnsī** (*pēnsus* wichtig, gewichtig) **habēre:** kein Gewicht darauf legen, keine Rücksicht nehmen

7 **quae utraque:** Neutrum Pl.; bezieht sich auf *inopia* und *cōnscientia*

8 **incitāre** hier: ermutigen — **cīvitātis** = *cīvium;* darauf bezieht sich *quōs* (constructio ad sensum) — **dīvorsa** = *dīversa* → L

9 **hortārī** hier: mit Infinitiv! — **tempus admonet dē aliquā rē:** die Gelegenheit erinnert an etw. — **suprā repetere:** weiter zurückgreifen, ausholen — **paucīs** = *paucīs verbīs* — **rem pūblicam habēre** = *rem pūblicam administrāre* — **ut** hier: wie — **flāgitiōsus** *(flāgitium)*: Suffix *-ōsus* → Fülle — **disserere:** davon abhängig *īnstitūta* und drei abhängige Fragesätze

6 **sēdibus incertīs** (Abl. abs.): ohne feste Wohnsitze — **Aborīginēs** *(orīgō)*: Ureinwohner, Autochthonen — **solūtus** *(solvere)*: ungebunden

2 **alius...vīventēs:** constructio ad sensum — **coalēscere:** zusammenwachsen, verschmelzen

3 **postquam...vidēbātur**: Imperfekt zum Ausdruck eines Zustandes, der sich aus *aucta* ergibt — **rēs** = *rēs pūblica*

satisque pollens videbatur, sicuti pleraque mortalium habentur, invidia ex
4 opulentia orta est. Igitur reges populique finitumi bello temptare, pauci
5 ex amicis auxilio esse; nam ceteri metu perculsi a periculis aberant. At Romani domi militiaeque intenti festinare, parare, alius alium hortari, hostibus obviam ire, libertatem patriam parentisque armis tegere. Post, ubi pericula virtute propulerant, sociis atque amicis auxilia portabant, magisque
6 dandis quam accipiundis beneficiis amicitias parabant. Imperium legitumum, nomen imperi regium habebant. Delecti, quibus corpus annis infirmum, ingenium sapientia validum erat, rei publicae consultabant; hi vel
7 aetate vel curae similitudine patres appellabantur. Post, ubi regium imperium, quod initio conservandae libertatis atque augendae rei publicae fuerat, in superbiam dominationemque se convortit, immutato more annua imperia binosque imperatores sibi fecere; eo modo minume posse putabant per licentiam insolescere animum humanum.
7 Sed ea tempestate coepere se quisque magis extollere magisque ingenium
2 in promptu habere. Nam regibus boni quam mali suspectiores sunt, sem-
3 perque iis aliena virtus formidulosa est. Sed civitas incredibile memoratu est adepta libertate quantum brevi creverit: tanta cupido gloriae incesse-
4 rat. Iam primum iuventus, simul ac belli patiens erat, in castris per laborem usum militiae discebat, magisque in decoris armis et militaribus equis
5 quam in scortis atque conviviis lubidinem habebant. Igitur talibus viris non labor insolitus, non locus ullus asper aut arduos erat, non armatus

---

sīcutī pleraque mortālium habentur: ,,wie es meistens bei den Menschen zugeht'' **opulentia** *(opēs, opulentus)*: Macht, Wohlstand

4 **fīnitumī** = *fīnitimī* → L — **temptāre** (angreifen; erg. *Rōmānōs*)... **auxiliō esse:** histor. Infinitive

5 **festīnāre, parāre** etc.: histor. Infinitive — **post** = *posteā* — **auxilia portāre** = *auxilia ferre* (umgangssprachlich) — **accipiundīs** = *accipiendīs* → L

6 **lēgitumum** = *lēgitimum* → L — **nōmen imperī:** Herrschaftsform (vgl. 2,1) — **cōnsultābant:** ,,dienten als Ratgeber'' (verbum frequentativum)

7 **cōnservandae** (attributives Gerundiv) **lībertātis...fuerat:** *esse* mit Genitivus qualitatis — **sē convortit** = *sē convertit* → L — **imperātor** hier: Herrscher, Machthaber (Inhaber des *imperium*) — **minumē** = *minimē* → L — **insolēscere** *(solēre)*: sich ungewöhnlich verhalten, übermütig werden

7 **eā tempestāte** = *eō tempore* — **sē extollere:** sich herausheben, hervortreten — **in prōmptū** *(prōmere)* **habēre:** sehen lassen, zur Geltung bringen (eigentl. in Bereitschaft halten)

3 **adeptus** hier: passivisch — **incēdere** hier: eintreten, um sich greifen

4 **iam prīmum:** zuerst nun — **bellī patiēns:** wehrfähig — **ūsus mīlitiae:** praktischer Kriegsdienst, ,,Kriegshandwerk'' — **scortum:** Dirne, Hure — **lubīdinem** *(= libīdinem)* **habēre in aliquā rē:** seine Freude an etwas haben → L

6 hostis formidulosus: virtus omnia domuerat. Sed gloriae maxumum certamen inter ipsos erat: se quisque hostem ferire, murum ascendere, conspici, dum tale facinus faceret, properabat. Eas divitias, eam bonam famam magnamque nobilitatem putabant. Laudis avidi, pecuniae liberales erant;
7 gloriam ingentem, divitias honestas volebant. Memorare possum, quibus in locis maxumas hostium copias populus Romanus parva manu fuderit, quas urbis natura munitas pugnando ceperit, ni ea res longius nos ab incepto traheret.

8 Sed profecto fortuna in omni re dominatur; ea res cunctas ex libidine ma-
2 gis quam ex vero celebrat obscuratque. Atheniensium res gestae, sicuti ego aestumo, satis amplae magnificaeque fuere, verum aliquanto minores
3 tamen quam fama feruntur. Sed quia provenere ibi scriptorum magna ingenia, per terrarum orbem Atheniensium facta pro maxumis celebrantur.
4 Ita eorum, qui fecere, virtus tanta habetur, quantum eam verbis potuere
5 extollere praeclara ingenia. At populo Romano numquam ea copia fuit, quia prudentissumus quisque maxume negotiosus erat; ingenium nemo sine corpore exercebat; optumus quisque facere quam dicere, sua ab aliis bene facta laudari quam ipse aliorum narrare malebat.

9 Igitur domi militiaeque boni mores colebantur; concordia maxuma, minuma avaritia erat; ius bonumque apud eos non legibus magis quam natu-
2 ra valebat. Iurgia discordias simultates cum hostibus exercebant, cives cum civibus de virtute certabant. In suppliciis deorum magnifici, domi
3 parci, in amicos fideles erant. Duabus his artibus, audacia in bello, ubi
4 pax evenerat aequitate, seque remque publicam curabant. Quarum rerum ego maxuma documenta haec habeo, quod in bello saepius vindicatum est in eos, qui contra imperium in hostem pugnaverant quique tardius revocati proelio excesserant, quam qui signa relinquere aut pulsi loco cedere
5 ausi erant; in pace vero, quod beneficiis magis quam metu imperium agitabant et accepta iniuria ignoscere quam persequi malebant.

---

7 **nī** = *nisī*

8 **ex lubīdine** *(= libīdine)*: „nach Lust und Laune" — **ex vērō:** der Wahrheit gemäß, „nach dem wahren Wert" — **obscūrāre:** verdunkeln, in den Schatten stellen, in Vergessenheit bringen (übersetzen Sie *celebrāre* entsprechend!)

2 **feruntur** = *efferuntur* — **fēcēre** = *facta fēcēre* → F

5 **ea cōpia:** erg. *ingeniōrum* — **negōtiōsus:** tätig, geschäftig, „politisch tätig" — **exercēre** hier: betätigen — **sua bene facta** = *rēs ā sē bene gestās*

9 **bonum** hier: Rechtlichkeit, Sittlichkeit

2 **simultās:** Eifersucht, Rivalität, Feindschaft — **exercēre** hier: austragen — **supplicia deōrum** frei: Gottesdienst

4 **maxuma documenta:** prädikativ — **quam qui** = *quam in eōs quī*

5 **quod:** abhängig von *maxuma documenta haec habeō* — **metus:** die Furcht, die sie anderen einflößten — **imperium agitāre:** Herrschaft ausüben

10 Sed ubi labore atque iustitia res publica crevit, reges magni bello domiti,
nationes ferae et populi ingentes vi subacti, Carthago, aemula imperi Ro-
mani, ab stirpe interiit, cuncta maria terraeque patebant, saevire fortuna
2 ac miscere omnia coepit. Qui labores, pericula, dubias atque asperas res
facile toleraverant, iis otium divitiaeque, optanda alias, oneri miseriaeque
3 fuere. Igitur primo pecuniae, deinde imperi cupido crevit: ea quasi mate-
4 ries omnium malorum fuere. Namque avaritia fidem probitatem ceteras-
que artis bonas subvortit; pro his superbiam, crudelitatem, deos neglege-
5 re, omnia venalia habere edocuit. Ambitio multos mortalis falsos fieri
subegit, aliud clausum in pectore, aliud in lingua promptum habere, ami-
citias inimicitiasque non ex re, sed ex commodo aestumare, magisque vol-
tum quam ingenium bonum habere. Haec primo paulatim crescere, inter-
6 dum vindicari; post, ubi contagio quasi pestilentia invasit, civitas im-
mutata, imperium ex iustissumo atque optumo crudele intolerandumque
factum.
11 Sed primo magis ambitio quam avaritia animos hominum exercebat, quod
2 tamen vitium propius virtutem erat. Nam gloriam honorem imperium bo-
nus et ignavos aeque sibi exoptant; sed ille vera via nititur, huic quia bo-
3 nae artes desunt, dolis atque fallaciis contendit. Avaritia pecuniae studium
habet, quam nemo sapiens concupivit: ea quasi venenis malis imbuta cor-
pus animumque virilem effeminat, semper infinita et insatiabilis est, ne-
4 que copia neque inopia minuitur. Sed postquam L. Sulla armis recepta re
publica bonis initiis malos eventus habuit, rapere omnes, trahere, domum
alius, alius agros cupere, neque modum neque modestiam victores habe-
5 re, foeda crudeliaque in civis facinora facere. Huc accedebat, quod L.

---

10 **miscēre** = *perturbāre*

2 **dubius** hier: bedenklich — **aliās:** Adverb — **fuēre** *(= fuērunt)* hier: wurden → F

4 **subvortere** *(= subvertere)*: untergraben, zu Fall bringen → L —**vēnālis:** käuflich

5 **subēgit** = *coēgit* — **in linguā prōmptum habēre:** ,,offen bekennen'' — **ex rē**: nach dem wahren Wert — **voltus** = *vultus* → L

6 **haec:** neutr. plural., auf *avaritia* und *ambitio* bezogen — **pestilentia:** Pest, Seuche — **immūtārī** = *mūtārī* (reflexiv)

11 **exercēre** hier: heimsuchen, plagen — **quod...vitium:** = *vitium..., quod...*

2 **ignāvos** (= *ignāvus* → L) hier: untüchtig — **exoptāre:** herbeiwünschen, ersehnen —**vērus** hier: richtig, recht — **fallācia, ae:** Täuschung, Betrug, Pl. auch Verstellungskünste

3 **habēre** hier: enthalten, in sich schließen —**concupīvit:** gnomisches Perfekt, das eine Erfahrungstatsache ausdrückt — **īnsatiābilis, e:** *-bilis* → Möglichkeit, Fähigkeit

4 **bonīs initiīs:** abl. abs. — **rapere, trahere:** rauben und plündern (histor. Infinitive wie *cupere, habēre, facere*)

Sulla exercitum, quem in Asia ductaverat, quo sibi fidum faceret, contra
morem maiorum luxuriose nimisque liberaliter habuerat. Loca amoena
6 voluptaria facile in otio ferocis militum animos molliverant: ibi primum
insuevit exercitus populi Romani amare potare, signa tabulas pictas vasa
caelata mirari, ea privatim et publice rapere, delubra spoliare, sacra pro-
7 fanaque omnia polluere. Igitur ii milites, postquam victoriam adepti sunt,
8 nihil reliqui victis fecere. Quippe secundae res sapientium animos fati-
gant: ne illi corruptis moribus victoriae temperarent.
12 Postquam divitiae honori esse coepere et eas gloria imperium potentia se-
quebatur, hebescere virtus, paupertas probro haberi, innocentia pro ma-
2 levolentia duci coepit. Igitur ex divitiis iuventutem luxuria atque avaritia
cum superbia invasere: rapere consumere, sua parvi pendere, aliena cupe-
re, pudorem pudicitiam, divina atque humana promiscua, nihil pensi ne-
3 que moderati habere. Operae pretium est, quom domos atque villas cog-
noveris in urbium modum exaedificatas, visere templa deorum, quae no-
stri maiores, religiosissumi mortales, fecere. Verum illi delubra deorum
4 pietate, domos suas gloria decorabant, neque victis quicquam praeter in-
5 iuriae licentiam eripiebant. At hi contra, ignavissumi homines, per sum-
mum scelus omnia ea sociis adimere, quae fortissumi viri victores relique-
13 rant: proinde quasi iniuriam facere id demum esset imperio uti. Nam
quid ea memorem, quae nisi iis, qui videre, nemini credibilia sunt, a priva-
2 tis compluribus subvorsos montis, maria constrata esse? Quibus mihi vi-

---

5 **quō** = *ut eō* — **luxuriōse habēre:** „üppig halten" — **līberāliter habēre:** großzügig behandeln, locker halten (*habēre* + Adv.: jmd. irgendwie behandeln) — **voluptārius:** Vergnügen verschaffend, Lust gewährend, genußreich

6 **insuēscere:** sich an etwas gewöhnen — **caelāre:** ziselieren, mit Reliefarbeit verzieren, mit Bildwerk schmücken — **prīvātim et pūblicē** hier: aus persönlichem und staatlichem Besitz — **polluere:** entehren, entweihen

8 **quippe** hier: denn, ja — **nē** *(= nēdum)*: erst recht (nicht), geschweige denn, daß — **victōriae temperāre:** den Sieg maßvoll ausnützen, sich im Sieg mäßigen

12 **hebēscere** (*hebes, -etis* stumpf): stumpf werden, ermatten — **probrō** *(= prō probrō)* **habērī:** als Schande gelten (vgl. *honōrī esse*) — **innocentia** hier: Rechtschaffenheit, Uneigennützigkeit, Redlichkeit — **malevolentia** (vgl. *benevolentia*): Übelwollen, Mißgunst, Neid

2 **parvī pendere** = *parvī aestimāre* — **pudīcitia:** Zucht, Sittsamkeit —**prōmiscua** (unterschiedslos) ... **habēre:** für belanglos halten — **nihil pēnsī habēre:** kein Gewicht darauf legen, keine Rücksicht nehmen (vgl. 5,6) — **nihil moderātī habēre:** sich in nichts mäßigen, sich keine Schranken setzen; zusammen: „alle Gewichte und Maßstäbe verlieren"

5 **ignāvissumī hominēs:** „kraftlose Memmen" — **proinde quasi:** gerade als ob

13 **subvortere** *(= subvertere)*: umstürzen, abtragen → L — **cōnsternere:** bedecken, zuschütten, überbauen

dentur ludibrio fuisse divitiae; quippe quas honeste habere licebat, abuti
3 per turpitudinem properabant. Sed lubido stupri, ganeae ceterique cultus non minor incesserat: viri muliebria pati, mulieres pudicitiam in propatulo habere; vescendi causa terra marique omnia exquirere; dormire prius quam somni cupido esset; non famem aut sitim, neque frigus neque lassitudinem opperiri, sed ea omnia luxu antecapere. Haec iuventutem, ubi
4 familiares opes defecerant, ad facinora incendebant: animus imbutus ma-
5 lis artibus haud facile lubidinibus carebat; eo profusius omnibus modis quaestui atque sumptui deditus erat.

14 In tanta tamque corrupta civitate Catilina, id quod factu facillumum erat, omnium flagitiorum atque facinorum circum se tamquam stipatorum ca-
2 tervas habebat. Nam quicumque impudicus, adulter, ganeo manu, ventre, pene bona patria laceraverat, quique alienum aes grande conflaverat, quo
3 flagitium aut facinus redimeret, praeterea omnes undique parricidae sacrilegi convicti iudiciis aut pro factis iudicium timentes, ad hoc quos manus atque lingua periurio aut sanguine civili alebat, postremo omnes, quos flagitium egestas conscius animus exagitabat, ii Catilinae proxumi fami-
4 liaresque erant. Quod si quis etiam a culpa vacuos in amicitiam eius inciderat, cottidiano usu atque illecebris facile par similisque ceteris efficieba-
5 tur. Sed maxume adulescentium familiaritates appetebat; eorum animi
6 molles et aetate fluxi dolis haud difficulter capiebantur. Nam ut quoiusque studium ex aetate flagrabat, aliis scorta praebere, aliis canes atque equos mercari; postremo neque sumptui neque modestiae suae parcere,

---

2 **turpitūdō:** Schändlichkeit, Gemeinheit

3 **gānea:** Kneipe, übertragen: Schlemmerei — **cultus, -ūs** hier: raffinierter Genuß, Luxus, Üppigkeit — **muliebria patī:** ,,gaben sich als Weiber her'' — **in prōpatulō** (im Freien) **habēre:** öffentlich feilbieten — **lassitūdō** *(lassus)*: Ermüdung, Müdigkeit — **luxū antecapere:** durch künstliche Mittel vor der Zeit hervorrufen

5 **profūsus** hier: hemmungslos

14 **flāgitia atque facinora** hier konkret: Schurken und Verbrecher — **stīpātor** (*stīpāre* umdrängen): Begleiter, Leibwächter

2 **impudīcus:** ,,Wüstling'', eigentl. unzüchtig, unkeusch — **adulter, -erī:** Ehebrecher —**gāneō:** Schlemmer —**manū, ventre, pēne:** durch Würfelspiel, Schlemmerei und Unzucht — **bona patria lacerāre** (zerreißen): das väterliche Vermögen durchbringen — **cōnflāre:** zusammenblasen, aufhäufen — **quō** = *ut eō* — **redimere facinus** hier: sich von den Folgen einer Tat loskaufen

3 **sacrilegus:** Tempelräuber — **ad hoc quōs** = *ad hoc iī quōs* — **periūrium:** Meineid — **cōnscius animus:** ,,böses Gewissen''

4 **quod sī:** wenn aber — **etiam** hier: noch

5 **flūxus** *(fluere)*: fließend, flüchtig, haltlos (vgl. 1,4)

6 **scortum:** Dirne, Hure — **modestia** hier: guter Ruf, Ehrbarkeit

7 dum illos obnoxios fidosque sibi faceret. Scio fuisse nonnullos, qui ita
existumarent iuventutem, quae domum Catilinae frequentabat, parum
honeste pudicitiam habuisse; sed ex aliis rebus magis, quam quod quoi-
quam id compertum foret, haec fama valebat.
15 Iam primum adulescens Catilina multa nefanda stupra fecerat, cum virgi-
ne nobili, cum sacerdote Vestae, alia huiusce modi contra ius fasque.
2 Postremo captus amore Aureliae Orestillae, quoius praeter formam nihil
umquam bonus laudavit, quod ea nubere illi dubitabat timens privignum
adulta aetate, pro certo creditur necato filio vacuam domum scelestis
3 nuptiis fecisse. Quae quidem res mihi in primis videtur causa fuisse faci-
4 nus maturandi. Namque animus impurus, dis hominibusque infestus, ne-
que vigiliis neque quietibus sedari poterat: ita conscientia mentem excitam
5 vastabat. Igitur colos ei exsanguis, foedi oculi, citus modo, modo tardus
incessus; prorsus in facie voltuque vecordia inerat.
16 Sed iuventutem, quam, ut supra diximus, illexerat, multis modis mala fa-
2 cinora edocebat. Ex illis testis signatoresque falsos commodare; fidem
fortunas pericula vilia habere; post, ubi eorum famam atque pudorem at-
3 triverat, maiora alia imperabat. Si causa peccandi in praesens minus sup-
petebat, nihilo minus insontis sicuti sontis circumvenire iugulare: scilicet
ne per otium torpescerent manus aut animus gratuito potius malus atque
crudelis erat.

---

dum = *dummodō*

7 **parum honestē habēre:** zu wenig in Ehren halten — **quam** (erg. *ex eō*) **quod cuiquam id compertum foret** *(= esset)*: „als aus dem Grund, weil dies irgend jemand bekannt geworden wäre"

15 **nefandus** *(fārī)*: unsäglich, ruchlos, greulich — **huiusce:** *-ce* ist verstärkendes Suffix — **iūs fāsque:** menschliches und göttliches Recht

2 **prīvīgnus:** Stiefsohn

3 **quidem** hier: gerade

4 **cōnscientia:** vgl. 14,3 *conscius animus* — **excīre:** erregen, aufwühlen — **vāstāre** *(vāstus)* hier: zerrütten

5 **colōs** = *color* → L — **exsanguis:** blutlos, bleich — **foedus** hier: stier —**incessus, -ūs** *(cēdere)*: Einherschreiten, Gang —**prōrsus** hier (abschließend): mit einem Wort, kurz — **vēcordia** *(cor)*: Wahnsinn

16 **ēdocēre:** gründlich lehren

2 **signātor falsus:** Testamentsfälscher, Urkundenfälscher — **falsōs:** auch zu *testīs (= testēs)* → F — **commodāre:** leihen, zur Verfügung stellen — **perīcula** hier: die Gefahren der gerichtlichen Verfolgung — **habēre** = *ut habērent* (abhängig von *imperābat*) — **atterere:** abnutzen, schwächen, erschöpfen, vernichten (eig. abreiben)

3 **in praesēns:** für den Augenblick — **sōns, sontis:** schuldig — **iugulāre:** erdrosseln, erstechen (wie *circumvenīre* kausativ: er ließ...) — **torpēscere** *(torpēre)*: erstarren, erlahmen, schlaff werden — **grātuītō:** umsonst, ohne Vorteil, ohne Motivation

4 His amicis sociisque confisus Catilina, simul quod aes alienum per omnis
terras ingens erat et quod plerique Sullani milites, largius suo usi, rapina-
rum et victoriae veteris memores civile bellum exoptabant, opprimundae
5 rei publicae consilium cepit. In Italia nullus exercitus, Cn. Pompeius in
extremis terris bellum gerebat; ipsi consulatum petenti magna spes, sena-
tus nihil sane intentus: tutae tranquillaeque res omnes, sed ea prorsus op-
portuna Catilinae.

17 Igitur circiter Kalendas Iunias L. Caesare et C. Figulo consulibus primo
singulos appellare: hortari alios, alios temptare; opes suas, imparatam
2 rem publicam, magna praemia coniurationis docere. Ubi satis explorata
sunt, quae voluit, in unum omnis convocat, quibus maxuma necessitudo
3 et plurumum audaciae inerat. Eo convenere senatorii ordinis P. Lentulus
Sura, P. Autronius, L. Cassius Longinus, C. Cethegus, P. et Ser. Sullae
Ser. filii, L. Vargunteius, Q. Annius, M. Porcius Laeca, L. Bestia, Q. Cu-
4 rius; praeterea ex equestri ordine M. Fulvius Nobilior, L. Statilius, P. Ga-
binius Capito, C. Cornelius; ad hoc multi ex coloniis et municipiis domi
5 nobiles. Erant praeterea complures paulo occultius consili huiusce partici-
pes nobiles, quos magis dominationis spes hortabatur quam inopia aut
6 alia necessitudo. Ceterum iuventus pleraque, sed maxume nobilium, Cati-
linae inceptis favebat: quibus in otio vel magnifice vel molliter vivere co-
7 pia erat; incerta pro certis, bellum quam pacem malebant. Fuere item ea
tempestate qui crederent M. Licinium Crassum non ignarum eius consili
fuisse; quia Cn. Pompeius, invisus ipsi, magnum exercitum ductabat,
quoiusvis opes voluisse contra illius potentiam crescere, simul confisum,
si coniuratio valuisset, facile apud illos principem se fore.

---

4 **largius suō ūsī:** ,,die mit ihrer Habe zu verschwenderisch umgegangen waren''

5 **nihil sānē:** durchaus nicht, keineswegs — **intentus** *(intendere)* hier: schlagfertig, kampfbereit, gerüstet — **prōrsus** hier: gerade, eben, durchaus

17 **Kalendās Iūniās:** 1. Juni 64 — **temptāre** hier: prüfen

4 **colōnia** *(colere)*: Niederlassung, Siedlung (auf erobertem Staatsland, anfangs nur in Italien gegründet, seit dem 1. Jh. v. Chr. Versorgungsland vorwiegend für ausgediente Soldaten) — **mūnicipium:** (selbständige) Landstadt (besonders ital. Kleinstadt mit eigenen Gesetzen, eigener Verwaltung und römischem Bürgerrecht, teils mit, teils ohne Stimmrecht in Rom)

5 **complūrēs ... nōbilēs:** Subjekt

6 **mollis** hier: bequem, behaglich — **cōpia erat** = *licēbat*

7 **eā tempestāte** = *eō tempore* → W — **ductābat** = *dūcēbat* → W — **valēre** hier: zur Geltung kommen, Erfolg haben

18-19 In einem Exkurs berichtet Sallust von einer früheren Verschwörung gegen den römischen Staat. Die designierten Konsuln Publius Autronius und Publius Sulla waren im Jahre 66 aufgrund der Gesetze gegen Wählerbestechung bestraft worden. Catilina wurde an einer Bewerbung um das Konsulat durch eine Anklage wegen Erpressung gehindert. So treffen er, Autronius und ein junger Adeliger namens Gnaeus Piso Vorbereitungen, am 1. Januar auf dem Kapitol die Konsuln Lucius Cotta und Lucius Torquatus zu töten und selbst die Macht an sich zu reißen. Der Mordplan wird verraten und muß auf den 5. Februar verschoben werden. Man beschließt, nun auch die meisten Senatoren umzubringen. Catilina gibt das Zeichen zum Losschlagen zu früh, und so mißlingt das Attentat. Piso sendet man als Quästor mit den Befugnissen eines Prätors nach Ostspanien, wo er von spanischen Reitern erschlagen wird. Als Hintergrundfigur erwähnt Sallust Crassus, der Piso als Gegner des Pompeius favorisiert.

Die sog. ,,erste Catilinarische Verschwörung'' ist ein bisher in der Forschung ungelöstes Problem. Der historisch gesicherte Ablauf der Ereignisse war so: Nachdem Catilina sowohl im Jahre 64 als auch im Jahre 63 bei den Konsulwahlen für das jeweils folgende Jahr — also für 63 und 62 — unterlegen war, entschloß er sich zu gewaltsamem Vorgehen. Er sah jetzt offenbar keinen anderen Weg mehr als den der Gewalt. Jetzt — das heißt ab Sommer oder Herbst 63. Damals stand ihm allerdings sofort eine große Anhängerschaft zur Verfügung. Das bedeutet, daß dieser zweiten Wahlniederlage im Jahr 63 bereits manche Vorbereitungen vorausgegangen sind. Sallust stellt es allerdings in 17-21 so dar, daß Catilina Anfang Juni 64 eine Versammlung abgehalten habe und bereits damals zum Äußersten entschlossen gewesen sei. Dies läßt sich verstehen als Dramatisierung, also als Stilmittel. Sallust setzt die erste Verschwörung für das Jahr 66 an und erzählt sie als Einlage inmitten der angeblichen Versammlung des Jahres 64. R. Syme nimmt gar an, daß sie keine historische Grundlage hat. Das Ganze scheint ihm aus einer Andeutung bei Cicero und auch aus anderen Quellen willkürlich kombiniert zu sein. Augenscheinlich kam es Sallust darauf an, die allgemeinen Tendenzen, die für ihn entscheidend waren, durch konkrete Einzelheiten zu untermauern.

20, 1 In einem abgelegenen Teil seines Hauses hält Catilina, nachdem er alle unerwünschten Zeugen entfernt hat, etwa folgende Rede vor den in Kapitel 17 genannten Verschwörern:

2 ,,Ni virtus fidesque vostra spectata mihi forent, nequiquam opportuna res
cecidisset; spes magna, dominatio in manibus frustra fuissent, neque ego
3 per ignaviam aut vana ingenia incerta pro certis captarem. Sed quia multis
et magnis tempestatibus vos cognovi fortis fidosque mihi, eo animus au-
sus est maxumum atque pulcherrumum facinus incipere, simul quia vobis
4 eadem quae mihi bona malaque esse intellexi. Nam idem velle atque idem
nolle, ea demum firma amicitia est.

20, 2 **spectātus** hier: erprobt, bewährt — **cecidisset** ~ *accidisset* — **in manibus:** mit Händen greifbar — **frūstrā fuissent.** Adv. + *esse*! — **per** (gestützt auf) **ignaviam aut vāna ingenia:** im Dt. konkret ,,Feiglinge und Abenteurer''

3 **animus:** ergänze *meus* = ich

5 Sed ego quae mente agitavi, omnes iam antea divorsi audistis. Ceterum
6 mihi in dies magis animus accenditur, quom considero, quae condicio vi-
7 tae futura sit, nisi nosmet ipsi vindicamus in libertatem. Nam postquam
res publica in paucorum potentium ius atque dicionem concessit, semper
illis reges tetrarchae vectigales esse, populi nationes stipendia pendere; ce-
teri omnes, strenui boni, nobiles atque ignobiles, volgus fuimus sine gra-
tia, sine auctoritate, iis obnoxii, quibus, si res publica valeret, formidini
8 essemus. Itaque omnis gratia potentia honos divitiae apud illos sunt aut
9 ubi illi volunt; nobis reliquere pericula repulsas iudicia egestatem. Quae
quo usque tandem patiemini, o fortissumi viri? Nonne emori per virtutem
praestat quam vitam miseram atque inhonestam, ubi alienae superbiae lu-
10 dibrio fueris, per dedecus amittere? Verum enim vero, pro deum atque
hominum fidem, victoria in manu nobis est, viget aetas, animus valet;
contra illis annis atque divitiis omnia consenuerunt. Tantummodo incep-
11 to opus est, cetera res expediet. Etenim quis mortalium, quoi virile ingeni-
um est, tolerare potest illis divitias superare, quas profundant in exstruen-
do mari et montibus coaequandis, nobis rem familiarem etiam ad necessa-
ria deesse? Illos binas aut amplius domos continuare, nobis larem familia-
12 rem nusquam ullum esse? Quom tabulas signa toreumata emunt, nova di-
ruunt, alia aedificant, postremo omnibus modis pecuniam trahunt ve-
13 xant, tamen summa lubidine divitias suas vincere nequeunt. At nobis est
domi inopia, foris aes alienum, mala res, spes multo asperior: denique
quid reliqui habemus praeter miseram animam?

---

5 **aliquid mente agitāre:** überlegen, bedenken, erwägen, beabsichtigen, planen → W - **dīvorsī** hier: *singulī* (im Gegensatz zu *ūnivorsī*)

6 **animus** hier: Unmut, Zorn — **vindicāre in lībertātem:** in Freiheit setzen

7 **iūs atque diciō** (Hendiadyoin): ,,völlige Abhängigkeit'' — **concēdere** hier: übergehen — **tetrarchēs, ae:** Kleinkönig, (eigentl. Beherrscher des vierten Teiles eines Landes), Vasallenfürst, Tetrarch — **vectīgālis** *(vectīgal)*: steuer- zinspflichtig — **fuimus** = *factī sumus*

8 **grātia** hier: Einfluß — **repulsa** *(pellere)*: Abweisung, Zurücksetzung (bei einer Amtsbewerbung) — **iūdicium** hier: Prozeß

9 **ēmorī** = *morī*

10 **vērum enim vērō:** aber wahrhaftig, aber tatsächlich — **prō deum** (= *deōrum*) **atque hominum fidem** (L): ergänze: *implōrō* ,,bei der Treue...'' — **inceptō opus est**: P.P.P. hier bedeutungsgleich mit Inf. (vgl. 1,6)

11 **superāre** hier = *superesse* — **exstruere** hier: überbauen — **coaequāre:** gleichmachen, einebnen — **lār familiāris:** ,,eigener Herd''

12 **tabulās:** erg. *pictās* (vgl. 11,6) — **tóreuma, -atis** (griech.): Kunstwerk aus getriebenem Metall, Relief — **postrēmō** (Adv.) hier: kurz — **trahere, vexāre** hier: sinnlos verschwenden — **summā lubīdine:** trotz aller Verschwendungssucht

13 **rēs:** augenblickliche Lage, Gegenwart

14 Quin igitur expergiscimini? En illa, illa, quam saepe optastis, libertas,
praeterea divitiae decus gloria in oculis sita sunt; fortuna omnia ea victori-
15 bus praemia posuit. Res tempus pericula egestas belli spolia magnifica
16 magis quam oratio mea vos hortantur. Vel imperatore vel milite me utimi-
17 ni! Neque animus neque corpus a vobis aberit. Haec ipsa, ut spero, vobis-
cum una consul agam, nisi forte me animus fallit et vos servire magis
quam imperare parati estis."
21 Postquam accepere ea homines, quibus mala abunde omnia erant, sed ne-
que res neque spes bona ulla, tametsi illis quieta movere magna merces vi-
debatur, tamen postulavere plerique, ut proponeret, quae condicio belli
foret, quae praemia armis peterent, quid ubique opis aut spei haberent.
2 Tum Catilina polliceri tabulas novas, proscriptionem locupletium, magi-
stratus, sacerdotia, rapinas, alia omnia, quae bellum atque lubido victo-
3 rum fert; praeterea esse in Hispania citeriore Pisonem, in Mauretania cum
exercitu P. Sittium Nucerinum, consili sui participes; petere consulatum
C. Antonium, quem sibi collegam fore speraret, hominem et familiarem
et omnibus necessitudinibus circumventum; cum eo se consulem initium
4 agundi facturum. Ad hoc maledictis increpabat omnis bonos, suorum
unumquemque nominans laudare: admonebat alium egestatis, alium cupi-
ditatis suae, compluris periculi aut ignominiae, multos victoriae Sullanae,
5 quibus ea praedae fuerat. Postquam omnium animos alacris videt, cohor-
22 tatus, ut petitionem suam curae haberent, conventum dimisit. Fuere ea
tempestate, qui dicerent Catilinam oratione habita, quom ad iusiurandum
popularis sceleris sui adigeret, humani corporis sanguinem vino permix-
2 tum in pateris circumtulisse; inde quom post exsecrationem omnes degu-
stavissent, sicuti in sollemnibus sacris fieri consuevit, aperuisse consilium
suom, atque eo dictitare fecisse, quo inter se fidi magis forent alius alii
3 tanti facinoris conscii. Nonnulli ficta et haec et multa praeterea existuma-
bant ab iis, qui Ciceronis invidiam, quae postea orta est, leniri credebant
atrocitate sceleris eorum, qui poenas dederant. Nobis ea res pro magnitu-
dine parum comperta est.

---

14 **expergīscī:** aufwachen — **ēn:** seht! wohlan!
21 **abundē** (Adv.): im Überfluß, übergenug — **rēs...spēs:** vgl. 20,13
2 **tabulae novae:** neue Schuldenbücher = Schuldenerlaß
5 **postquam** hier: mit praesens historicum
22 **ad iūs iūrandum adigere:** eidlich verpflichten, vereidigen — **populāris** hier etwa = *socius* — **pátera** *(patēre)*: flache Schale — **circumferre:** herumreichen
2 **exsecrātiō** *(sacer)*: Verwünschung, Verfluchung („Ich will verflucht sein, wenn ich den Schwur brechen sollte") — **degustare:** kosten — **alius aliī** (Dativ): „miteinander"
3 **Cicerōnis:** gen. obi.

23 Sed in ea coniuratione fuit Q. Curius, natus haud obscuro loco, flagitiis
atque facinoribus coopertus, quem censores senatu probri gratia move-
2 rant. Huic homini non minor vanitas inerat quam audacia: neque reticere,
quae audierat, neque suamet ipse scelera occultare, prorsus neque dicere
3 neque facere quicquam pensi habebat. Erat ei cum Fulvia, muliere nobili,
stupri vetus consuetudo; quoi cum minus gratus esset, quia inopia minus
largiri poterat, repente glorians maria montisque polliceri coepit et minari
interdum ferro, ni sibi obnoxia foret, postremo ferocius agitare quam so-
4 litus erat. At Fulvia, insolentiae Curi causa cognita, tale periculum rei
publicae haud occultum habuit, sed sublato auctore de Catilinae coniura-
tione, quae quoque modo audierat, compluribus narravit.
5 Ea res in primis studia hominum accendit ad consulatum mandandum M.
6 Tullio Ciceroni. Namque antea pleraque nobilitas invidia aestuabat, et
quasi pollui consulatum credebant, si eum quamvis egregius homo novos
adeptus foret. Sed ubi periculum advenit, invidia atque superbia post fue-
24 re. Igitur comitiis habitis consules declarantur M. Tullius et C. Antonius,
2 quod factum primo popularis coniurationis concusserat; neque tamen Ca-
tilinae furor minuebatur, sed in dies plura agitare: arma per Italiam locis
opportunis parare, pecuniam sua aut amicorum fide sumptam mutuam
Faesulas ad Manlium quendam portare, qui postea princeps fuit belli faci-
3 undi. Ea tempestate plurumos quoiusque generis homines adscivisse sibi
dicitur, mulieres etiam aliquot, quae primo ingentis sumptus stupro cor-
poris toleraverant, post ubi aetas tantummodo quaestui neque luxuriae
4 modum fecerat, aes alienum grande conflaverant. Per eas se Catilina cre-
debat posse servitia urbana sollicitare, urbem incendere, viros earum vel
adiungere sibi vel interficere.

---

23 **coopertus** *(operīre)*: ganz bedeckt, beladen mit, versunken in — **probrī grātiā senātū movēre:** wegen unsittlichen Lebenswandels aus dem Senat ausstoßen

2 **vānitās** *(vānus)*: eitles Wesen, Prahlerei, leeres Geschwätz — **reticēre** *(tacēre)*: verschweigen — **neque quicquam pēnsī habēre:** sich nichts daraus machen (vgl. 5,6 und 12,2)

3 **stuprī cōnsuētūdō:** außerehelicher Verkehr — **maria montīsque:** im Dt. ,,goldene Berge'' — **agitāre** hier = *sē gerere*

4 **īnsolentia** *(solēre)*: ungewöhnliches, auffallendes Benehmen — **causā cognitā** (Abl. abs.) — **tollere** hier: nicht angeben

6 **post esse:** zurücktreten — **aestuāre** *(aestus)*: schäumen, kochen

24, 2 **pecūniam suā aut amīcōrum fidē sumptam mūtuam** wörtlich: ,,auf... Kredit als geliehen aufgenommenes Geld''; ,,auf seinen oder seiner Freunde Kredit geliehenes Geld'' — **aliquis princeps bellum facit:** jmd. eröffnet den Krieg

3 **sibi adscīscere:** auf seine Seite ziehen — **sumptūs tolerāre:** Aufwand bestreiten — **cōnflāre** hier: aufhäufen (vgl. 14,2)

4 **servitium** hier = *servus*

25 Sed in iis erat Sempronia, quae multa saepe virilis audaciae facinora com-
2 miserat. Haec mulier genere atque forma, praeterea viro liberis satis for-
tunata fuit; litteris Graecis Latinis docta, psallere et saltare elegantius
3 quam necesse est probae, multa alia, quae instrumenta luxuriae sunt. Sed
ei cariora semper omnia quam decus atque pudicitia fuit; pecuniae an fa-
mae minus parceret, haud facile discerneres; lubido sic accensa, ut saepius
4 peteret viros quam peteretur. Sed ea saepe antehac fidem prodiderat, cre-
ditum abiuraverat, caedis conscia fuerat; luxuriā atque inopiā praeceps
5 abierat. Verum ingenium eius haud absurdum: posse versus facere iocum
movere sermone uti vel modesto vel molli vel procaci; prorsus multae fa-
cetiae multusque lepos inerat.

26 His rebus comparatis Catilina nihilo minus in proxumum annum consula-
tum petebat, sperans, si designatus foret, facile se ex voluntate Antonio
usurum. Neque interea quietus erat, sed omnibus modis insidias parabat
2 Ciceroni. Neque illi tamen ad cavendum dolus aut astutiae deerant. Nam-
3 que a principio consulatus sui multa pollicendo per Fulviam effecerat, ut
Q. Curius, de quo paulo ante memoravi, consilia Catilinae sibi proderet;
4 ad hoc collegam suom Antonium pactione provinciae perpulerat, ne con-
tra rem publicam sentiret; circum se praesidia amicorum atque clientium
5 occulte habebat. Postquam dies comitiorum venit et Catilinae neque peti-
tio neque insidiae, quas consulibus in campo fecerat, prospere cessere,
constituit bellum facere et extrema omnia experiri, quoniam, quae occulte
temptaverat, aspera foedaque evenerant.

27 Igitur C. Manlium Faesulas atque in eam partem Etruriae, Septimium
quendam Camertem in agrum Picenum, C. Iulium in Apuliam dimisit,
2 praeterea alium alio, quem ubique opportunum sibi fore credebat. Interea

---

25, 2 **docta** *(erat)*: davon abhängig: 1. *litterīs*; 2. *psallere, saltāre*; 3. *multa alia* (Akk.) —**psallere:** Laute spielen, zur Leier singen — **ēlegāns** hier: gewandt, virtuos

4 **antehāc** = *anteā* — **fidem prōdere** = *fidem frangere* — **crēditum abiūrāre:** wörtl. ein Darlehen abschwören; den Empfang eines Darlehens eidlich ableugnen — **praeceps abierat:** „es war mit ihr tief abwärts (bergab) gegangen"

5 **ingenium eius haud absurdum (erat)** *(Litotes):* „Sie war kein ungeschickter (unbegabter) Kopf" — **modestus** hier: ehrbar, anständig — **mollis** hier: einschmeichelnd, zärtlich, gefühlvoll — **procāx, ācis:** zudringlich, frech, unverschämt — **facētiae, ārum:** Witz — **lepōs, lepōris:** Feinheit, Anmut, Charme

26 **hīs rēbus comparātis** *(= parātis)*: bezieht sich auf c. 24

2 **astūtiae** (auch Sing.): Schlauheit, Gerissenheit

4 **pactiōne prōvinciae:** „durch vertragliche Abtretung der eigenen Provinz" — **contrā rem pūblicam sentīre:** „eine staatsfeindliche Richtung vertreten" — **praesidia, ōrum** hier: persönlicher Schutz, Leibwache

5 **in campō:** erg. *Mārtiō*

27 **alius aliō:** der eine hier-, der andere dorthin — **quem ubīque** = *ubī quemque*

Romae multa simul moliri: consulibus insidias tendere, parare incendia, opportuna loca armatis hominibus obsidere; ipse cum telo esse, item alios iubere, hortari, uti semper intenti paratique essent; dies noctisque festina-
3 re, vigilare, neque insomniis neque labore fatigari. Postremo, ubi multa agitanti nihil procedit, rursus intempesta nocte coniurationis principes
4 convocat per M. Porcium Laecam, ibique multa de ignavia eorum questus docet se Manlium praemisisse ad eam multitudinem, quam ad capiunda arma paraverat, item alios in alia loca opportuna, qui initium belli facerent, seque ad exercitum proficisci cupere, si prius Ciceronem oppressis-
28 set: eum suis consiliis multum officere. Igitur perterritis ac dubitantibus ceteris C. Cornelius eques Romanus operam suam pollicitus et cum eo L. Vargunteius senator constituere ea nocte paulo post cum armatis hominibus sicuti salutatum introire ad Ciceronem ac de improviso domi suae im-
2 paratum confodere. Curius ubi intellegit, quantum periculum consuli impendeat, propere per Fulviam Ciceroni dolum, qui parabatur, enuntiat.
3 Ita illi ianua prohibiti tantum facinus frustra susceperant.
4 Interea Manlius in Etruria plebem sollicitare, egestate simul ac dolore iniuriae novarum rerum cupidam, quod Sullae dominatione agros bonaque omnia amiserat, praeterea latrones quoiusque generis, quorum in ea regione magna copia erat, nonnullos ex Sullanis coloniis, quibus lubido atque luxuria ex magnis rapinis nihil reliqui fecerant.
29 Ea cum Ciceroni nuntiarentur, ancipiti malo permotus, quod neque urbem ab insidiis privato consilio longius tueri poterat neque,exercitus Manli quantus aut quo consilio foret, satis compertum habebat, rem ad sena-
2 tum refert, iam antea volgi rumoribus exagitatam. Itaque, quod plerumque in atroci negotio solet, senatus decrevit, darent operam consules, ne
3 quid res publica detrimenti caperet. Ea potestas per senatum more Romano magistratui maxuma permittitur: exercitum parare, bellum gerere, coercere omnibus modis socios atque civis, domi militiaeque imperium atque iudicium summum habere; aliter sine populi iussu nullius earum rerum consuli ius est.

---

2 **īnsidiās tendere:** ,,Anschläge machen'' — **obsīdere:** nicht *obsidēre*! — **cum tēlō esse:** eine Waffe bei sich tragen — **aliōs** hier = *cēterōs* (auch 27,4) — **īnsomnia, ae:** Schlaflosigkeit, schlaflose Nacht

3 **prōcēdere** hier: Erfolg haben, gelingen — **intempestā nocte:** in tiefer Nacht

4 **īgnāvia** hier: Energielosigkeit — **opprimere** hier: beseitigen, unschädlich machen

28 **opera** hier: Hilfe — **sīcut** = *quasi* — **cōnfodere:** durchbohren, niederstechen

2 **ubī** hier: mit praesens historicum

29 **prīvātō cōnsiliō:** auf eigene Faust — **rem ad senātum refert:** 21. Oktober 63 — **exagitāre** hier: eifrig erörtern, vielfach besprechen

2 **negōtium** hier: Verhältnisse, Umstände

3 **rēs** hier: Maßnahme

30 Wenige Tage danach wird der Senat durch einen Brief unterrichtet, C. Manlius habe am 27. Oktober zu den Waffen gegriffen. Man erzählt sich von wunderbaren Erscheinungen, von Zusammenrottungen, Waffentransporten und einem Sklavenkrieg in Capua und Apulien. Zwei Feldherren stehen mit ihren Heeren vor der Stadt, am Triumph gehindert durch die *calumnia paucorum, quibus omnia honesta atque inhonesta vendere mos erat.* Sie werden nach Capua bzw. in die Landschaft Picenum abkommandiert.

Man setzt hohe Belohnungen für Angaben über die Verschwörung aus und stellt in Rom Wachen auf.

31 Quis rebus permota civitas atque immutata urbis facies erat; ex summa
laetitia atque lascivia, quae diuturna quies pepererat, repente omnis tristi-
2 tia invasit: festinare, trepidare, neque loco neque homini quoiquam satis
credere, neque bellum gerere neque pacem habere, suo quisque metu peri-
3 cula metiri. Ad hoc mulieres quibus rei publicae magnitudine belli timor
insolitus incesserat afflictare sese, manus supplices ad caelum tendere, mi-
serari parvos liberos, rogitare omnia, omni rumore pavere, arripere om-
nia superbia atque deliciis omissis, sibi patriaeque diffidere.
4 At Catilinae crudelis animus eadem illa movebat, tametsi praesidia para-
5 bantur et ipse lege Plautia interrogatus erat ab L. Paulo. Postremo dissi-
mulandi causa aut sui expurgandi, sicut iurgio lacessitus foret, in senatum
6 venit. Tum M. Tullius consul, sive praesentiam eius timens sive ira com-
motus, orationem habuit luculentam atque utilem rei publicae, quam po-
7 stea scriptam edidit. Sed ubi ille assedit, Catilina, ut erat paratus ad dissi-
mulanda omnia, demisso voltu, voce supplici postulare a patribus coepit,
ne quid de se temere crederent: ea familia ortum, ita se ab adulescentia vi-
tam instituisse, ut omnia bona in spe haberet; ne existumarent sibi, patri-
cio homini, quoius ipsius atque maiorum pluruma beneficia in plebem

---

31 **quīs** = *quibus* → F — **quae** (Neutr. Plur.): auf die vorausgehenden Abstracta zu beziehen

2 **trepidāre:** sich ängstigen (hist. Inf. wie die übrigen)

3 **reī pūblicae magnitūdine:** abl. causae zu *īnsolitus* — **afflīctāre** (Intensivum zu *afflīgere*) **sēsē:** sich gegen die Brust schlagen (als Ausdruck des Schmerzes) —**rogitāre:** Intensivum zu *rogāre* — **pavēre:** sich ängstigen

4 **eadem illa movēre:** jene gleichen Pläne weiter verfolgen — **praesidia** hier: Sicherheitsmaßnahmen — **interrogāre** hier: gerichtlich belangen

5 **sē expūrgāre** *(pūrus)*: sich reinwaschen, sich rechtfertigen

6 **lūculentus** *(lūx)*: lichtvoll, glänzend

7 **assīdere:** Platz nehmen — **ut erat parātus** (kausal): wie es ja nicht anders sein kann bei ..., da er ... war — **voltum** *(= vultum)* **dēmittere:** den Blick senken — **in spē habēre aliquid:** berechtigte Hoffnung haben auf etwas — **ut ... habēret:** „daß er sich in allem die besten Hoffnungen machen dürfe"

Romanam essent, perdita re publica opus esse, quom eam servaret M.
8 Tullius, inquilinus civis urbis Romae. Ad hoc maledicta alia quom adde-
9 ret, obstrepere omnes, hostem atque parricidam vocare. Tum ille furibun-
dus 'quoniam quidem circumventus' inquit 'ab inimicis praeceps agor, in-
32 cendium meum ruina exstinguam'. Deinde se ex curia domum proripuit.
Ibi multa ipse secum volvens, quod neque insidiae consuli procedebant et ab incendio intellegebat urbem vigiliis munitam, optumum factu credens exercitum augere ac, prius quam legiones scriberentur, multa antecapere, quae bello usui forent, nocte intempesta cum paucis in Manliana castra
2 profectus est. Sed Cethego atque Lentulo ceterisque, quorum cognoverat promptam audaciam, mandat, quibus rebus possent, opes factionis confirment, insidias consuli maturent, caedem incendia aliaque belli facinora parent: sese propediem cum magno exercitu ad urbem accessurum.
33 Dum haec Romae geruntur, C. Manlius ex suo numero legatos ad Marcium Regem mittit cum mandatis huiusce modi: 'Deos hominesque testamur, imperator, nos arma neque contra patriam cepisse neque quo periculum aliis faceremus, sed uti corpora nostra ab iniuria tuta forent, qui miseri, egentes violentia atque crudelitate faeneratorum plerique patria, sed omnes fama atque fortunis expertes sumus. Neque quoiquam nostrum licuit more maiorum lege uti neque amisso patrimonio liberum cor-
2 pus habere: tanta saevitia faeneratorum atque praetoris fuit. Saepe maiores vostrum, miseriti plebis Romanae, decretis suis inopiae eius opitulati

---

inquilīnus cīvis: ein zugezogener Neubürger, ein ,,Hergelaufener'' (vgl. bayr. Zuagroaster)

8 **maledictum:** Schmähung, Beleidigung — **obstrepere:** niederschreien

9 **furibundus** *(furor)*: wutentbrannt — **praeceps agor:** ,,ich werde in den Abgrund getrieben'' — **incendium meum:** ,,das Feuer, das mich verzehren soll'' — **ruīnā exstinguere:** unter Trümmern ersticken

32 **cūria:** hier = *senātus* (Die Sitzung fand nämlich nicht in der *cūria Hostīlia* am Forum, sondern im Tempel des *Iuppiter Stator* am Palatin statt.) — **sē prōripere:** fortstürzen — **multa sēcum volvere** (eig. wälzen): vielerlei bei sich erwägen — **cōnsuli** (dat. incommodi): gegen den Konsul — **prōcēdere** hier: gelingen — **scribere** hier: *cōnscribere* — **antecapere:** vorwegnehmen, vorher erledigen — **nocte intempestā:** in tiefer Nacht (vgl. 27,3)

2 **prōmptus:** entschlossen — **mandat ... cōnfirment:** *mandat, ut, quibus rēbus possent ... cōnfirment* — **propédiem:** in den nächsten Tagen

33 **ex suō numerō** = *ex numerō suōrum* — **quō** *(= ut eō)*: damit dadurch — **corpora nostra:** ,,wir persönlich'' — **forent** = *essent* → W — **violentia** *(vīs)*: Gewalttätigkeit, Härte — **faenerātor:** Wucherer — **expers:** hier mit Abl. — **lēge ūtī:** den Schutz des Gesetzes genießen — **līberum corpus:** persönliche Freiheit

2 **vostrum** *(= vestrum)* – *vestrī* — **opitulārī** = *opem ferre*

sunt, ac novissume memoria nostra propter magnitudinem aeris alieni vo-
3 lentibus omnibus bonis argentum aere solutum est. Saepe ipsa plebs, aut dominandi studio permota aut superbia magistratuum, armata a patribus
4 secessit. At nos non imperium neque divitias petimus, quarum rerum causa bella atque certamina omnia inter mortalis sunt, sed libertatem, quam
5 nemo bonus nisi cum anima simul amittit. Te atque senatum obstestamur, consulatis miseris civibus, legis praesidium, quod iniquitas praetoris eripuit, restituatis neve nobis eam necessitudinem imponatis, ut quaeramus quonam modo maxume ulti sanguinem nostrum pereamus'.

34 Ad haec Q. Marcius respondit: si quid ab senatu petere vellent, ab armis discedant, Romam supplices proficiscantur; ea mansuetudine atque misericordia senatum populi Romani semper fuisse, ut nemo umquam ab eo frustra auxilium petiverit.

2 At Catilina ex itinere plerisque consularibus, praeterea optumo quoique litteras mittit: se falsis criminibus circumventum, quoniam factioni inimicorum resistere nequiverit, fortunae cedere, Massiliam in exilium proficisci, non quo sibi tanti sceleris conscius esset, sed uti res publica quieta foret
3 neve ex sua contentione seditio oreretur. Ab his longe divorsas litteras Q. Catulus in senatu recitavit, quas sibi nomine Catilinae redditas dicebat. Earum exemplum infra scriptum est:

35 'L. Catilina Q. Catulo. Egregia tua fides re cognita, grata mihi magnis in
2 meis periculis, fiduciam commendationi meae tribuit. Quam ob rem defensionem in novo consilio non statui parare: satisfactionem ex nulla conscientia de culpa proponere decrevi, quam, me Dius Fidius, veram li-
3 cet cognoscas. Iniuriis contumeliisque concitatus, quod fructu laboris in-

---

novissumē: jüngst

5 **quōnam modō ... pereāmus:** ,,wie wir uns vor dem Untergang für unser Leben noch fürchterlich rächen können''

34 **mānsuētūdō** *(manus, suēscere)*: Milde, Sanftmut

2 **optimus quisque** hier: nicht moralisch, sondern politisch ,,gerade die führenden Männer des Adels'' (Optimaten) — **sua contentiō:** der Streit um seine Person

3 **exemplum** hier: Abschrift

35 **Q. Catulō:** erg. *salūtem dīcit* — **fidūciam tribuere:** den Mut geben — **commendātiō** *(mandāre)*: eig. Empfehlung(sschreiben); ,,mich dir anzuvertrauen''

2 **dēfēnsiō:** Verteidigung (einem Ankläger gegenüber) — **satisfactiō:** Rechtfertigung (vor Freunden) — **cōnscientia dē culpā** (statt *culpae*): umgangssprachlich (vgl. ital. *di,* frz. *de*) — **quam:** bezieht sich auf *satisfactiōnem* — **mē Dīus Fidius** (erg. *iuvet*): ,,so wahr mir Gott helfe'' — **licet cognōscas** – *tibī licet cognōscere*

3 **iniūriīs contumeliīsque concitātus:** durch die ungerechte und schmachvolle Behandlung aufgebracht

dustriaeque meae privatus statum dignitatis non obtinebam, publicam mi-
serorum causam pro mea consuetudine suscepi, non quin aes alienum
meis nominibus ex possessionibus solvere non possem, et alienis nomini-
bus liberalitas Orestillae suis filiaeque copiis persolveret, sed quod non
dignos homines honore honestatos videbam meque falsa suspicione alie-
4 natum esse sentiebam. Hoc nomine satis honestas pro meo casu spes reli-
5 quae dignitatis conservandae sum secutus. Plura quom scribere vellem,
6 nuntiatum est vim mihi parari. Nunc Orestillam commendo tuaeque fidei
trado; eam ab iniuria defendas, per liberos tuos rogatus. Haveto.'

36 Sed ipse paucos dies commoratus apud C. Flaminium in agro Arretino,
dum vicinitatem antea sollicitatam armis exornat, cum fascibus atque aliis
2 imperi insignibus in castra ad Manlium contendit. Haec ubi Romae com-
perta sunt, senatus Catilinam et Manlium hostis iudicat, ceterae multitu-
dini diem statuit, ante quam sine fraude liceret ab armis discedere praeter
3 rerum capitalium condemnatis. Praeterea decernit, uti consules dilectum
habeant, Antonius cum exercitu Catilinam persequi maturet, Cicero urbi
praesidio sit.

4 Ea tempestate mihi imperium populi Romani multo maxume miserabile
visum est: quoi quom ad occasum ab ortu solis omnia domita armis pare-
rent, domi otium atque divitiae, quae prima mortales putant, affluerent,
fuere tamen cives, qui seque remque publicam obstinatis animis perditum
5 irent. Namque duobus senati decretis ex tanta multitudine neque praemio

---

status dīgnitātis: ehrenvolle Stellung — **obtinēre** hier: bekommen — **nōn quīn ... nōn** = *nōn quō ... nōn:* nicht als ob nicht (Pleonasmus der Umgangssprache, da nach *quin non* eigentl überflüssig ist) — **meīs nōminibus** (Abl.) — **aliēnīs nōminibus** *(aes aliēnum)*: ,,die auf meinen - die auf den Namen anderer eingetragenen Schulden'' — **et** = *etiam* — **aliēnāre** hier: zurücksetzen

4 **hōc nōmine** = *hāc dē causā* — **prō meō casū:** ,,mit Rücksicht auf meine schlimme Lage'' — **spēs sum secūtus:** ,,ich habe mich an jedwede Hoffnung geklammert''

5 **quom ... vellem, nuntiātum est:** Tempus des lat. Briefstils. Der Schreiber geht von dem Zeitpunkt aus, in dem der Empfänger den Brief liest.

6 **per** hier (beteuernd): bei — **havētō!** (feierlicher als das übliche *valē*): leb wohl!

36 **vīcīnitās** *(vīcīnus)*: Nachbarschaft, Umgegend — **imperī:** erg. *cōnsulāris* → F

2 **ante** hier: bis — **sine fraude:** ohne Nachteil, straflos — **praeter** (hier Adv.): ausgenommen, abgesehen von — **rēs capitālis** *(caput)*: todeswürdiges Verbrechen, Kapitalverbrechen — **condemnātīs** (Dat.): abhängig von *licēret*

4 **eā tempestāte** = *eō tempore* — **mortāles** = *hominēs* (vgl. 1,5 u. öfter) → W — **affluere** gehört zu *dīvitiae* u n d *ōtium*: im Überfluß vorhanden sein — **obstinātus:** hartnäckig, verstockt — **īre** mit Supin.: auf etw. ausgehen

inductus coniurationem patefecerat neque ex castris Catilinae quisquam
omnium discesserat: tanta vis morbi atque uti tabes plerosque civium ani-
37 mos invaserat. Neque solum illis aliena mens erat, qui conscii coniuratio-
nis fuerant, sed omnino cuncta plebes novarum rerum studio Catilinae in-
2 cepta probabat. Id adeo more suo videbatur facere. Nam semper in civita-
3 te, quibus opes nullae sunt, bonis invident, malos extollunt, vetera odere,
nova exoptant, odio suarum rerum mutari omnia student, turba atque se-
ditionibus sine cura aluntur, quoniam egestas facile habetur sine damno.
4 Sed urbana plebes, ea vero praeceps erat de multis causis. Primum omni-
5 um, qui ubique probro atque petulantia maxume praestabant, item alii
per dedecora patrimoniis amissis, postremo omnes, quos flagitium aut fa-
6 cinus domo expulerat, ii Romam sicut in sentinam confluxerant. Deinde
multi memores Sullanae victoriae, quod ex gregariis militibus alios sena-
tores videbant, alios ita divites, ut regio victu atque cultu aetatem agerent,
7 sibi quisque, si in armis foret, ex victoria talia sperabat. Praeterea iuven-
tus, quae in agris manuum mercede inopiam toleraverat, privatis atque
publicis largitionibus excita urbanum otium ingrato labori praetulerat.
8 Eos atque alios omnis malum publicum alebat. Quo minus mirandum est
homines egentis, malis moribus, maxuma spe, rei publicae iuxta ac sibi
9 consuluisse. Praeterea, quorum victoria Sullae parentes proscripti, bona
erepta, ius libertatis imminutum erat, haud sane alio animo belli eventum
10 exspectabant. Ad hoc quicumque aliarum atque senatus partium erant,
11 conturbari rem publicam quam minus valere ipsi malebant. Id adeo malum

---

5 **quisquam:** gemeinsames Subj. zu *patefēcerat* und *discesserat* — **utī tābēs:** ,,eine Art Seuche''

37 **aliēnus** hier: verblendet — **plēbēs** (altertüml.) = *plēbs* — **id adeō** = *id ipsum*

3 **extollere:** ,,in den Himmel heben'', loben — **habētur:** ist ein Besitz (vgl. 1,4)

4 **praeceps** hier: ganz hingerissen

5 **quī** = *iī quī* — **petulantia** *(petere)*: Frechheit — **sentīna:** eig. das schmutzige Wasser im Kielraum eines Schiffes, Kloake

6 **mīles gregārius** *(grex)*: einfacher Soldat — **aliōs senātōrēs … aliōs dīvitēs:** erg. *factōs esse* — **rēgiō vīctū atque cultū:** ,,mit königlicher Tafel (Essen und Trinken) und Lebenshaltung (Wohnung, Kleidung usw.)''

7 **inopiam tolerāre:** ein kümmerliches Leben fristen — **privātae largītiōnēs:** Spenden von Privatpersonen (zur Bestechung der Wähler) — **pūblicae l.:** staatl. Spenden (Öl, Getreide, Geld, Spiele, Gastmähler u.ä.) — **éxcitus:** verlockt

8 **malīs mōribus, maxumā spē:** abl. qual. — **iuxtā ac:** ebenso (wenig) wie (vgl. 2,8)

9 **quōrum:** gehört zu *parentēs, bona* und *iūs* — **quōrum iūs libertātis imminūtum erat:** ,,deren staatsbürgerliche Rechte beschränkt worden waren'' — **haud sānē:** durchaus nicht, gewiß nicht

11 **id adeō** = *id ipsum* (vgl. 37,1)

38 multos post annos in civitatem revorterat. Nam postquam Cn. Pompeio
et M. Crasso consulibus tribunicia potestas restituta est, homines adules-
centes summam potestatem nacti, quibus aetas animusque ferox erat,
coepere senatum criminando plebem exagitare, dein largiundo atque
2 pollicitando magis incendere, ita ipsi clari potentesque fieri. Contra eos
summa ope nitebatur pleraque nobilitas senatus specie pro sua magnitudi-
3 ne. Namque, uti paucis verum absolvam, post illa tempora quicumque
rem publicam agitavere, honestis nominibus, alii sicuti populi iura defen-
derent, pars quo senatus auctoritas maxuma foret, bonum publicum si-
mulantes pro sua quisque potentia certabant. Neque illis modestia neque
39 modus contentionis erat: utrique victoriam crudeliter exercebant. Sed
postquam Cn. Pompeius ad bellum maritumum atque Mithridaticum
2 missus est, plebis opes imminutae, paucorum potentia crevit. Ii magistra-
tus, provincias aliaque omnia tenere; ipsi innoxii, florentes, sine metu ae-
tatem agere ceterosque iudiciis terrere, quo plebem in magistratu placidius
3 tractarent. Sed ubi primum dubiis rebus novandi spes oblata est, vetus
4 certamen animos eorum arrexit. Quod si primo proelio Catilina superior
aut aequa manu discessisset, profecto magna clades atque calamitas rem
publicam oppressisset, neque illis, qui victoriam adepti forent, diutius ea
uti licuisset, quin defessis et exsanguibus, qui plus posset, imperium atque
5 libertatem extorqueret. Fuere tamen extra coniurationem complures, qui
ad Catilinam initio profecti sunt. In iis erat Fulvius, senatoris filius, quem
retractum ex itinere parens necari iussit.
6 Isdem temporibus Romae Lentulus, sicuti Catilina praeceperat, quoscum-
que moribus aut fortuna novis rebus idoneos credebat, aut per se aut per
alios sollicitabat, neque solum civis, sed quoiusque modi genus hominum,
quod modo bello usui foret.

---

38 **summam:** Elativ — **crīminārī** *(crīmen)*: beschuldigen, verleumden, verunglimpfen — **pollicitārī:** Verb. intensiv. zu *pollicērī*

2 **senātūs speciē:** scheinbar im Interesse des Senats

3 **paucīs** (erg. *verbīs*) **absolvere:** mit wenigen Worten berichten, kurz darstellen (vgl. 4,3) — **rem pūblicam agitāre:** politisch agitieren — **nōmen** hier: Vorwand — **quō** = *ut eō* — **victōriam exercēre:** den Sieg ausnützen, ausbeuten

39, 2 **innoxius** *(nocēre)* hier: ungefährdet

3 **dubiīs rēbus** (abl. abs.): „bei der bedenklichen Lage" — **novāre** (auch ohne *rēs*): die bestehende Verfassung umstürzen, Unruhen erregen — **eōrum:** bezogen auf die *cēterī*, d. h. die *populārēs*

4 **superior** hier: siegreich — **aut:** oder auch nur — **aequā manū:** unentschieden — **quīn:** ohne daß —**exsanguis:** ausgeblutet, entkräftet — **extorquēre:** entwinden

5 **ex itinere retrahere:** unterwegs aufgreifen und zurückholen

6 **quod modo** = *dummodo id*

40-42 Ein gewisser Publius Umbrenus sucht im Auftrag des Lentulus die in Rom weilenden Gesandten der gallischen Allobroger auf. Dieses keltische Gebirgsvolk aus der nördlichen Narbonensis war 121 von den Römern unterworfen worden. Umbrenus, der als Kaufmann in Gallien tätig und dadurch den meisten Stammeshäuptlingen bekannt ist, soll sie zur Teilnahme am Krieg bewegen. Sie beklagen sich über die Raffgier der Beamten und den Senat und versprechen ihre Mitwirkung an der Verschwörung. Nach einigem Schwanken entscheiden sie sich jedoch dafür, Cicero die ganze Sache zu entdecken, der sie anweist, weiterhin zum Schein mitzumachen, um weiteres Beweismaterial zu bekommen.
Zur gleichen Zeit gibt es Unruhen in beiden Gallien, im Gebiet von Picenum, im Bruttierland (an der Südwestspitze Italiens) und in Apulien, da Catilinas Leute planlos und unvorsichtig vorgehen, so daß einige von ihnen im Gefängnis landen.

43 At Romae Lentulus cum ceteris, qui principes coniurationis erant, paratis ut videbatur magnis copiis, constituerant, uti, quom Catilina in agrum Aefulanum cum exercitu venisset, L. Bestia tribunus plebis contione habita quereretur de actionibus Ciceronis bellique gravissumi invidiam optumo consuli imponeret: eo signo proxuma nocte cetera multitudo coniura-
2 tionis suom quodque negotium exsequeretur. Sed ea divisa hoc modo dicebantur: Statilius et Gabinius uti cum magna manu duodecim simul opportuna loca urbis incenderent, quo tumultu facilior aditus ad consulem ceterosque, quibus insidiae parabantur, fieret; Cethegus Ciceronis ianuam obsideret eumque vi aggrederetur; alius autem alium, sed filii familiarum, quorum ex nobilitate maxuma pars erat, parentis interficerent; si-
3 mul caede et incendio perculsis omnibus ad Catilinam erumperent. Inter haec parata atque decreta Cethegus semper querebatur de ignavia sociorum: illos dubitando et dies prolatando magnas opportunitates corrumpere; facto, non consulto in tali periculo opus esse, seque, si pauci adiuva-
4 rent, languentibus aliis impetum in curiam facturum. Natura ferox, vehemens, manu promptus erat, maxumum bonum in celeritate putabat.

---

43 **ut vidēbātur:** erg. *iīs* — **bellī … invidiam:** Mißstimmung über — **coniūrātiōnis** = *coniūrātōrum*

2 **ea:** erg. *negōtia* — **quō tumultū** = *ut eō tumultū* — **obsīderet:** vgl. 27,2 — **fīliī familiārum:** die noch im Elternhaus wohnenden, unter der *patria potestās* (vgl. 39,5) stehenden Söhne — **parentīs** *(= parentēs) = patrēs*

3 **diem prōlātāre** *(lātus)*: den Termin immer wieder hinausschieben — **factō, nōn cōnsultō opus est**: P.P.P. hier wieder bedeutungsgleich mit Inf. — **languēre:** schlapp, untätig sein — **aliī** hier = *ceterī*

4 **manū prōmptus** hier: draufgängerisch — **bonum** hier: Vorteil

44-47 Die Allobroger verlangen nach den Anweisungen Ciceros von den Verschwörern beeidete schriftliche Erklärungen. Sie geben vor, nur so ihre Stammesgenossen zu diesem entscheidenden Schritt bewegen zu können. Lentulus schickt einen gewissen Titus Volturcius mit den Allobrogern zu Catilina. Durch einen Brief und mündliche Mitteilungen fordert er ihn auf, Hilfe selbst bei Sklaven zu suchen und unverzüglich näherzurücken, da er doch vom Senat zum Staatsfeind erklärt worden sei.

Cicero läßt die Allobroger auf der Milvischen Brücke aus einem Hinterhalt heraus verhaften. Sie erkennen die List und ergeben sich rasch. Der sie begleitende Volturcius wehrt sich anfangs, sieht aber *timidus ac vitae diffidens* die Hoffnungslosigkeit seiner Lage ein. Von Cicero heißt es nach dem geglückten Coup: *At illum ingens cura atque laetitia simul occupavere.* Freude über die Aufdeckung der Verschwörung mischt sich mit der Sorge, was nun zu tun sei. *Poenam illorum sibi oneri, impunitatem perdundae rei publicae fore credebat.*

Bei einer Senatssitzung im Tempel der Concordia, an der NW-Ecke des Forums, werden die verhafteten Catilinarier vorgeführt. Volturcius deckt nach Zusicherung der Straflosigkeit und angesichts der vorgelegten Schriftstücke den ganzen Sachverhalt auf. Die Allobroger sind ebenfalls geständig und überführen Lentulus durch seinen Brief und frühere Äußerungen:

Nach der Weissagung der sibyllinischen Bücher sei er als der dritte Cornelier nach Cinna und Sulla der vom Schicksal bestimmte Herr der Stadt. Er wird daraufhin mit den übrigen Verschwörern an Standesgenossen *in liberis custodiis,* also gleichsam in Hausarrest, übergeben.

48 Interea plebs coniuratione patefacta, quae primo cupida rerum novarum nimis bello favebat, mutata mente Catilinae consilia exsecrari, Ciceronem ad caelum tollere: veluti ex servitute erepta gaudium atque laetitiam agita-
2 bat. Namque alia belli facinora praedae magis quam detrimento fore, incendium vero crudele, immoderatum ac sibi maxume calamitosum putabat, quippe quoi omnes copiae in usu cottidiano et cultu corporis erant.
3 Post eum diem quidam L. Tarquinius ad senatum adductus erat, quem ad
4 Catilinam proficiscentem ex itinere retractum aiebant. Is quom se diceret indicaturum de coniuratione, si fides publica data esset, iussus a consule, quae sciret, edicere, eadem fere quae Volturcius de paratis incendiis, de caede bonorum, de itinere hostium senatum docet: praeterea se missum a M. Crasso, qui Catilinae nuntiaret, ne eum Lentulus et Cethegus aliique

---

48 **quae:** bezieht sich auf *plēbs.* — **exsecrārī:** verfluchen — **agitāre** hier: lebhaft äußern

2 **immoderātus:** zu weitgehend — **quippe quoi** mit Ind. = *quippe cum eī* m. Konj. — **cōpiae** hier: Habe —**ūsus et cultus corporis:** Nahrung und Kleidung

3 **post eum diem** = *postrīdiē* — **ex itinere retrahere:** unterwegs aufgreifen

4 **indicāre:** Aussagen machen — **fidēs pūblica:** Zusicherung der Straffreiheit — **quī nuntiāret:** bezieht sich auf *sē.*

ex coniuratione deprehensi terrerent, eoque magis properaret ad urbem
accedere, quo et ceterorum animos reficeret et illi facilius e periculo eripe-
5 rentur. Sed ubi Tarquinius Crassum nominavit, hominem nobilem, ma-
xumis divitiis, summa potentia, alii rem incredibilem rati, pars tametsi
verum existumabant, tamen quia in tali tempore tanta vis hominis magis
leniunda quam exagitanda videbatur, plerique Crasso ex negotiis privatis
obnoxii, conclamant indicem falsum esse, deque ea re postulant, uti refe-
6 ratur. Itaque consulente Cicerone frequens senatus decernit: Tarquini in-
dicium falsum videri eumque in vinculis retinendum neque amplius pote-
statem faciundam, nisi de eo indicaret, quoius consilio tantam rem esset
7 mentitus. Erant eo tempore qui existumarent indicium illud a P. Autronio
machinatum, quo facilius appellato Crasso per societatem periculi reli-
8 quos illius potentia tegeret. Alii Tarquinium a Cicerone immissum aie-
bant, ne Crassus more suo suscepto malorum patrocinio rem publicam
9 conturbaret. Ipsum Crassum ego postea praedicantem audivi tantam il-
lam contumeliam sibi ab Cicerone impositam.

49 Sed isdem temporibus Q. Catulus et C. Piso neque precibus neque pretio
neque gratia Ciceronem impellere potuere, uti per Allobroges aut alium
2 indicem C. Caesar falso nominaretur. Nam uterque cum illo gravis inimi-
citias exercebat: Piso oppugnatus in iudicio pecuniarum repetundarum
propter quoiusdam Transpadani supplicium iniustum, Catulus ex petitio-
ne pontificatus odio incensus, quod extrema aetate, maxumis honoribus
3 usus, ab adulescentulo Caesare victus discesserat. Res autem opportuna
videbatur, quod is privatim egregia liberalitate, publice maxumis muneri-
4 bus grandem pecuniam debebat. Sed ubi consulem ad tantum facinus im-

---

— **quō:** damit dadurch

5 **ex negōtiīs prīvātīs obnoxiī:** abhängig durch private Geldgeschäfte — **index:** Anzeige, Aussage — **rēs refertur** *(ā cōnsule ad senātum)*: die Sache wird (vom Konsul dem Senat) vorgetragen

6 **potestātem:** erg. *indicandī*

7 **māchinārī:** ersinnen (Partiz. hier passiv)

8 **immittere** hier: vorschicken, vorschieben — **patrōcinium:** Schutz, Beistand

9 **praedicāre** hier: offen erklären

49 **neque pretiō neque grātiā:** weder durch Geld noch durch persönlichen Einfluß

2 **inimīcitiās exercēre cum aliquō:** mit jdm. in grimmiger Feindschaft leben — **oppugnatus pecuniārum repetundārum:** in einem Schadenersatzprozeß angegriffen — **Trānspadānus:** ein Gallier, der nördlich des Po wohnt — **ex petitiōne pontificātūs:** ,,seit der Bewerbung um das Amt des Pontifex Maximus'' — **extrēmā aetāte:** ,,trotz seines hohen Alters''

3 **rēs** hier: Gelegenheit — **pūblicē:** ,,als Beamter'' — **mūnus, -eris:** Spende eines Beamten (bes. der Ädilen) an das Volk, Festspiel, öffentliches Schauspiel

pellere nequeunt, ipsi singillatim circumeundo atque ementiundo, quae se ex Volturcio aut Allobrogibus audisse dicerent, magnam illi invidiam conflaverant, usque eo, ut nonnulli equites Romani, qui praesidi causa cum telis erant circum aedem Concordiae, seu periculi magnitudine seu animi mobilitate impulsi, quo studium suom in rem publicam clarius esset, egredienti ex senatu Caesari gladio minitarentur.

50 Dum haec in senatu aguntur et dum legatis Allobrogum et Tito Volturcio,
comprobato eorum indicio, praemia decernuntur, liberti et pauci ex clien-
tibus Lentuli divorsis itineribus opifices atque servitia in vicis ad eum eri-
piundum sollicitabant, partim exquirebant duces multitudinum, qui pre-
2 tio rem publicam vexare soliti erant. Cethegus autem per nuntios fami-
liam atque libertos suos, lectos et exercitatos, orabat in audaciam, ut grege
3 facto cum telis ad sese irrumperent. Consul ubi ea parari cognovit, dispo-
sitis praesidiis, ut res atque tempus monebat, convocato senatu refert,
4 quid de iis fieri placeat, qui in custodiam traditi erant. Sed eos paulo ante
frequens senatus iudicaverat contra rem publicam fecisse. Tum D. Iunius
Silanus, primus sententiam rogatus, quod eo tempore consul designatus
erat, de iis, qui in custodiis tenebantur, et praeterea de L. Cassio, P. Fu-
rio, P. Umbreno, Q. Annio, si deprehensi forent, supplicium sumundum
decreverat; isque postea permotus oratione C. Caesaris pedibus in senten-
tiam Tiberi Neronis iturum se dixit, quod de ea re praesidiis additis refe-
5 rundum censuerat. Sed Caesar, ubi ad eum ventum est, rogatus senten-
tiam a consule, huiusce modi verba locutus est:

51 'Omnis homines, patres conscripti, qui de rebus dubiis consultant, ab
2 odio, amicitia, ira atque misericordia vacuos esse decet. Haud facile ani-
mus verum providet, ubi illa officiunt, neque quisquam omnium lubidini

---

4 **singillātim** hier: bei den einzelnen Leuten — **ēmentīrī:** Lügen ausstreuen — **invidiam cōnflāre alicui:** Haß gegen jmd. schüren — **animī mōbilitās:** innere Erregtheit — **minitārī:** drohen

50 **comprobāre:** als richtig beweisen, bestätigen — **dīvorsīs** *(= dīversīs)* **itineribus:** ,,in verschiedene Richtungen'' — **servītia** = *servōs* — **multitūdinēs, -um:** bewaffnete Banden

2 **familia** hier: Gesinde, Sklaven, Dienerschaft —**lectus et exercitātus:** ausgesucht und geübt

3 **refert:** vgl. 48,5 — **placeat:** erg. *senātuī* — **in custōdiam trādere:** inhaftieren —

4 **contrā rem pūblicam facere:** Hochverrat begehen — **dēcernere** hier: beantragen — **pedibus īre in sententiam alicuius:** jemandes Antrag zustimmen

51 **patrēs cōnscriptī:** ,,Senatoren'' (offizielle Anrede)

3 simul et usui paruit. Ubi intenderis ingenium, valet; si lubido possidet, ea
4 dominatur, animus nihil valet. Magna mihi copia est memorandi, patres conscripti, quae reges atque populi ira aut misericordia impulsi male consuluerint. Sed ea malo dicere, quae maiores nostri contra lubidinem animi
5 sui recte atque ordine fecere. Bello Macedonico, quod cum rege Perse gessimus, Rhodiorum civitas magna atque magnifica, quae populi Romani opibus creverat, infida et advorsa nobis fuit; sed postquam bello confecto de Rhodiis consultum est, maiores nostri, ne quis divitiarum magis quam
6 iniuriae causa bellum inceptum diceret, impunitos eos dimisere. Item bellis Punicis omnibus, quom saepe Carthaginienses et in pace et per indutias multa nefaria facinora fecissent, numquam ipsi per occasionem talia fecere: magis quid se dignum foret, quam quid in illos iure fieri posset, quae-
7 rebant. Hoc item vobis providendum est, patres conscripti, ne plus apud vos valeat P. Lentuli et ceterorum scelus quam vostra dignitas, neu magis
8 irae vostrae quam famae consulatis. Nam si digna poena pro factis eorum reperitur, novom consilium approbo; sin magnitudo sceleris omnium ingenia exsuperat, his utendum censeo, quae legibus comparata sunt.
9 Plerique eorum, qui ante me sententias dixerunt, composite atque magnifice casum rei publicae miserati sunt. Quae belli saevitia esset, quae victis acciderent, enumeravere: rapi virgines pueros, divelli liberos a parentum complexu; matres familiarum pati, quae victoribus collubuissent, fana atque domos spoliari; caedem incendia fieri; postremo armis, cadaveribus,
10 cruore atque luctu omnia compleri. Sed, per deos immortalis, quo illa oratio pertinuit? An uti vos infestos coniurationi faceret? Scilicet, quem

---

2 **pāruit:** gnom. Perfekt (drückt eine allg. Erfahrung aus; Präsens im Deutschen)

3 **possidet:** erg. *ingenium* — **animus** hier = *ingenium*

4 **quae ... male cōnsuluerint:** „wie sie schlecht beraten waren" — **rectē atque ōrdine:** richtig und ordnungsgemäß

6 **per occasiōnem:** „trotz sich bietender Gelegenheiten"

7 **cōnsulere** (m. Dativ) hier: Rechnung tragen, bedacht sein auf

8 **novom cōnsilium approbāre:** „der außergewöhnlichen Maßregel beistimmen" — **omnium ingenia exsuperāre:** das Vorstellungsvermögen aller übersteigen — **comparāre** hier: an die Hand geben

9 **compositē atque magnificē:** wohlgeordnet und glänzend — **saevitia:** Wut, Wildheit —**rapere** hier: verschleppen, entführen — **dīvellere:** wegreißen — **ā complexū:** „aus den Armen" — **mātrēs familiārum** = *mātrōnae* — **collubet:** es beliebt, es gefällt (hier persönlich konstruiert)

10 **quō pertinet?:** wohin zielt? was bezweckt?

11 res tanta et tam atrox non permovit, eum oratio accendet. Non ita est, ne-
que quoiquam mortalium iniuriae suae parvae videntur, multi eas gravius
12 aequo habuere. Sed alia aliis licentia est, patres conscripti. Qui demissi in
obscuro vitam habent, si quid iracundia deliquere, pauci sciunt, fama at-
que fortuna eorum pares sunt; qui magno imperio praediti in excelso aeta-
13 tem agunt, eorum facta cuncti mortales novere. Ita in maxuma fortuna
14 minuma licentia est; neque studere neque odisse, sed minume irasci decet;
quae apud alios iracundia dicitur, ea in imperio superbia atque crudelitas
15 appellatur. Equidem ego sic existumo, patres conscripti, omnis cruciatus
minores quam facinora illorum esse. Sed plerique mortales postrema me-
minere et in hominibus impiis sceleris eorum obliti de poena disserunt, si
ea paulo severior fuit.
16 D. Silanum, virum fortem atque strenuom, certo scio, quae dixerit, stu-
dio rei publicae dixisse, neque illum in tanta re gratiam aut inimicitias
17 exercere: eos mores eamque modestiam viri cognovi. Verum sententia eius
mihi non crudelis — quid enim in talis homines crudele fieri potest? — sed
18 aliena a re publica nostra videtur. Nam profecto aut metus aut iniuria te
19 subegit, Silane, consulem designatum genus poenae novom decernere. De
timore supervacuaneum est disserere, quom praesertim diligentia clarissu-
20 mi viri consulis tanta praesidia sint in armis. De poena possum equidem
dicere, id quod res habet, in luctu atque miseriis mortem aerumnarum re-
quiem, non cruciatum esse; eam cuncta mortalium mala dissolvere; ultra
21 neque curae neque gaudio locum esse. Sed, per deos immortalis, quam-
obrem in sententiam non addidisti, uti prius verberibus in eos animadvor-
22 teretur? An quia lex Porcia vetat? At aliae leges item condemnatis civibus

---

11 **iniūriae suae:** ,,das der eigenen Person zugefügte Unrecht'' — **gravius aequō** (Abl. comp.) **habēre aliquid:** etwas schwerer als recht und billig nehmen — **habuēre:** gnom.Perf. (Präsens im Deutschen) — **alia aliīs licentia est:** ,,es kommen nicht jedem dieselben Freiheiten zu''

12 **dēmissus:** bescheiden, schlicht, niedrig, dürftig — **vītam habēre:** das Leben verbringen — **fortūna** hier: gesellschaftl. Stellung — **in excelsō:** ,,in hoher Stellung''

13 **studēre** hier: Zuneigung hegen

14 **in imperiō:** ,,bei Leuten, die Macht haben''

16 **strēnuus** hier: entschlossen — **grātiam aut inimīcitiās exercēre:** Gunst oder Feindschaft walten lassen — **modestia:** besonnene Haltung, Selbstbeherrschung

17 **aliēnus ā rē pūblicā nostrā:** ,,unvereinbar mit unserer Staatsverfassung''

18 **subēgit** = *coēgit* — **dēcernere aliquid:** sich für etwas erklären

19 **supervacuāneus** *(vacāre)*: überflüssig, unnötig — **quom praesertim** = *praesertim cum*

20 **id quod rēs habet:** ,,wie es sich wirklich verhält'' — **aerumna:** Kummer, Trübsal — **dissolvere:** auflösen, aufheben

23 non animam eripi, sed exilium permitti iubent. An quia gravius est verbe-
rari quam necari? Quid autem acerbum aut nimis grave est in homines
24 tanti facinoris convictos? Sin quia levius est, qui convenit in minore nego-
tio legem timere, quom eam in maiore neglexeris?
25 At enim quis reprehendet, quod in parricidas rei publicae decretum erit?
Tempus, dies, fortuna, quoius lubido gentibus moderatur. Illis merito ac-
26 cidet, quicquid evenerit; ceterum vos, patres conscripti, quid in alios sta-
27 tuatis, considerate! Omnia mala exempla ex rebus bonis orta sunt. Sed ubi
imperium ad ignaros eius aut minus bonos pervenit, novom illud exem-
28 plum ab dignis et idoneis ad indignos et non idoneos transferetur. Lace-
daemonii devictis Atheniensibus triginta viros imposuere, qui rem publi-
29 cam eorum tractarent. Ii primo coepere pessumum quemque et omnibus
30 invisum indemnatum necare: ea populus laetari et merito dicere fieri.
Post, ubi paulatim licentia crevit, iuxta bonos et malos lubidinose interfi-
31 cere, ceteros metu terrere: ita civitas servitute oppressa stultae laetitiae
32 gravis poenas dedit. Nostra memoria victor Sulla quom Damasippum et
alios eius modi, qui malo rei publicae creverant, iugulari iussit, quis non
factum eius laudabat? Homines scelestos et factiosos, qui seditionibus
rem publicam exagitaverant, merito necatos aiebant. Sed ea res magnae
33 initium cladis fuit. Nam uti quisque domum aut villam, postremo vas aut
vestimentum aliquoius concupiverat, dabat operam, ut is in proscripto-
34 rum numero esset. Ita illi, quibus Damasippi mors laetitiae fuerat, paulo
post ipsi trahebantur, neque prius finis iugulandi fuit, quam Sulla omnis
35 suos divitiis explevit. Atque ego haec non in M. Tullio neque his tempori-
36 bus vereor, sed in magna civitate multa et varia ingenia sunt. Potest alio

---

24 **quī cónvenit?:** *convenīre* hier in der Bedeutung: zu etwas passen, mit etwas über-einstimmen ,,Wie reimt es sich zusammen?''

25 **diēs** hier: die sich wandelnde Zeit

27 **exemplum** hier: Maßnahme, Verfahren — **ex rēbus bonīs:** ,,aus guten Anlässen'' —**eius** = *imperiī* — **dīgnī et idōneī** (sc. *poenā*): ,,Leute, die die Strafe verdienen und für die sie paßt (weil sie schuldig sind)''

28 **impōnere** hier: einsetzen — **rem pūblicam tractāre:** den Staat leiten, die Staatsge-schäfte führen

29 **indemnātus:** ohne gerichtliches Urteil — **eā** : erg. *rē* —**laetārī, dīcere:** historische Infinitive

30 **lubīdinōsē:** willkürlich, nach Belieben

32 **crēscere** hier: emporkommen — **iugulāre:** abschlachten, ermorden — **factiōsus:** parteisüchtig, zu Umtrieben geneigt — **clādēs, -is** hier: Unheil, Unglück

33 **postrēmō:** ,,schließlich gar''

34 **trahēbantur:** erg. *ad supplicium*

35 **ingenia, -ōrum** hier: Charaktere

tempore, alio consule, quoi item exercitus in manu sit, falsum aliquid pro
vero credi. Ubi hoc exemplo per senati decretum consul gladium eduxerit,
quis illi finem statuet aut quis moderabitur?

37 Maiores nostri, patres conscripti, neque consili neque audaciae umquam
eguere, neque illis superbia obstabat, quo minus aliena instituta, si modo
38 proba erant, imitarentur. Arma atque tela militaria ab Samnitibus, insig-
nia magistratuum ab Tuscis pleraque sumpserunt. Postremo, quod ubi-
que apud socios aut hostis idoneum videbatur, cum summo studio domi
39 exsequebantur: imitari quam invidere bonis malebant. Sed eodem illo
tempore Graeciae morem imitati verberibus animadvortebant in civis, de
40 condemnatis summum supplicium sumebant. Postquam res publica ado-
levit et multitudine civium factiones valuere, circumveniri innocentes, alia
huiusce modi fieri coepere, tum lex Porcia aliaeque leges paratae sunt,
41 quibus legibus exilium damnatis permissum est. Hanc ego causam, patres
conscripti, quo minus novom consilium capiamus, in primis magnam pu-
42 to. Profecto virtus atque sapientia maior illis fuit, qui ex parvis opibus
tantum imperium fecere, quam in nobis, qui ea bene parta vix retinemus.
43 Placet igitur eos dimitti et augeri exercitum Catilinae? Minume. Sed ita
censeo: publicandas eorum pecunias, ipsos in vinculis habendos per muni-
cipia, quae maxume opibus valent; neu quis de iis postea ad senatum refe-
rat neve cum populo agat; qui aliter fecerit, senatum existumare eum con-
tra rem publicam et salutem omnium facturum.'

52 Postquam Caesar dicundi finem fecit, ceteri verbo alius alii variè assentie-
bantur. At M. Porcius Cato, rogatus sententiam, huiusce modi orationem
habuit:

---

36 **hōc exemplō:** ,,nach diesem Präzedenzfall'' — **moderārī** hier: Einhalt gebieten, zügeln

37 **probus** hier: brauchbar

38 **arma atque tēla mīlitāria:** ,,Kriegsgerät und Waffen'' — **postrēmō** (Adv.) hier: kurz — **exsequī** hier: durchführen, verwenden — **imitārī:** erg. *bonōs*

41 **causa, quō minus:** ,,der Grund, der uns daran hindert, daß ...''

42 **ea bene parta vix retinēre:** ,,das wohl Erworbene nur mit Mühe behaupten''

43 **placet:** erg. *nōbīs* — **ita cēnseō:** ,,ich stelle folgenden Antrag'' — **per mūnicipia ... valent:** ,,in Landstädten, die aufgrund ihrer Mittel dazu am ehesten imstande sind'' (zu *mūnicipium* vgl. auch 17,4) — **dē iīs ad senātum referre:** ihre Sache dem Senat vorlegen (vgl. 48,5) — **cum populō agere:** vor das Volk bringen

52 **verbō:** ,,mit einer kurzen Äußerung'' — **alius aliī** *(Dat.)* **variē:** ,,abwechselnd bald dem einen, bald dem andern''

2 'Longe alia mihi mens est, patres conscripti, quom res atque pericula no-
3 stra considero, et quom sententias nonnullorum ipse mecum reputo. Illi
mihi disseruisse videntur de poena eorum, qui patriae, parentibus, aris at-
que focis suis bellum paravere; res autem monet cavere ab illis magis
4 quam quid in illos statuamus consultare. Nam cetera maleficia tum perse-
quare, ubi facta sunt; hoc nisi provideris ne accidat, ubi evenit, frustra iu-
5 dicia implores: capta urbe nihil fit reliqui victis. Sed, per deos immortalis,
vos ego appello, qui semper domos, villas, signa, tabulas vostras pluris
quam rem publicam fecistis: si ista, quoiuscumque modi sunt quae ample-
xamini, retinere, si voluptatibus vostris otium praebere voltis, expergisci-
6 mini aliquando et capessite rem publicam. Non agitur de vectigalibus ne-
que de sociorum iniuriis: libertas et anima nostra in dubio est.
7 Saepenumero, patres conscripti, multa verba in hoc ordine feci, saepe de
luxuria atque avaritia nostrorum civium questus sum, multosque mortalis
8 ea causa advorsos habeo. Qui mihi atque animo meo nullius umquam de-
licti gratiam fecissem, haud facile alterius lubidine male facta condona-
9 bam. Sed ea tametsi vos parvi pendebatis, tamen res publica firma erat,
10 opulentia neglegentiam tolerabat. Nunc vero non id agitur, bonisne an
malis moribus vivamus, neque quantum aut quam magnificum imperium
populi Romani sit, sed haec, quoiuscumque modi videntur, nostra an no-
11 biscum una hostium futura sint. Hic mihi quisquam mansuetudinem et
misericordiam nominat. Iam pridem equidem nos vera vocabula rerum

---

2 **mēns** hier: Einstellung, Auffassung — **rēs atque perīcula:** ,,gefährliche Lage'' (Hendiadyoin)

3 **ārae atque fōcī:** die Altäre der Tempel und die privaten Opferstätten für die Hausgötter — **monet** mit Inf.: vgl. *hortārī* 5,9

4 **persequāre** = *persequāris* (Potentialis)

5 **vōs appellō:** ,,euch spreche ich an, an euch wende ich mich'' — **amplexārī** (Intensivum zu *amplectī*): eig. umarmen, etw. hochhalten, sich an etwas klammern — **expergīscī:** wach werden — **aliquandō** hier: endlich einmal — **capessere** hier: sich mit etwas befassen

6 **sociōrum:** gen. obi. — **libertās et anima:** ,,ein Leben in Freiheit'' (Hendiadyoin) —**in dubiō esse:** auf dem Spiel stehen

7 **saepenumerō:** oftmals — **in hōc ōrdine:** ,,in dieser Versammlung'' (des Senats) — **advorsus** (Adj.) hier = *adversārius*

8 **animus** hier: Neigung — **grātiam facere alicuius reī:** etwas nachsehen

9 **parvī pendere:** gering achten (vgl. 5,6) — **opulentiā:** ,,durch seine Machtfülle''

10 **quoiuscumque modī videntur:** ,,wie immer man sie auch ansehen mag'' — **nōbīscum ūnā hostium esse:** ,,mit uns zusammen den Feinden gehören''

11 **mānsuētūdō:** Milde (vgl. 34,1)

amisimus: quia bona aliena largiri liberalitas, malarum rerum audacia
12 fortitudo vocatur, eo res publica in extremo sita est. Sint sane, quoniam
ita se mores habent, liberales ex sociorum fortunis, sint misericordes in
furibus aerari: ne illi sanguinem nostrum largiantur et, dum paucis scele-
ratis parcunt, bonos omnis perditum eant.
13 Bene et composite C. Caesar paulo ante in hoc ordine de vita et morte dis-
seruit, credo falsa existumans ea, quae de inferis memorantur: divorso iti-
nere malos a bonis loca taetra, inculta, foeda atque formidulosa habere.
14 Itaque censuit pecunias eorum publicandas, ipsos per municipia in custo-
diis habendos, videlicet timens, ne, si Romae sint, aut a popularibus coniu-
15 rationis aut a multitudine conducta per vim eripiantur; quasi vero mali
atque scelesti tantummodo in urbe et non per totam Italiam sint, aut non
16 ibi plus possit audacia, ubi ad defendundum opes minores sunt. Quare va-
num equidem hoc consilium est, si periculum ex illis metuit; si in tanto
omnium metu solus non timet, eo magis refert me mihi atque vobis time-
17 re. Qua re quom de P. Lentulo ceterisque statuetis, pro certo habetote vos
18 simul de exercitu Catilinae et de omnibus coniuratis decernere. Quanto
vos attentius ea agetis, tanto illis animus infirmior erit; si paulum modo
vos languere viderint, iam omnes feroces aderunt.
19 Nolite existumare maiores nostros armis rem publicam ex parva magnam
20 fecisse. Si ita esset, multo pulcherrumam eam nos haberemus: quippe so-
ciorum atque civium, praeterea armorum atque equorum maior copia no-
21 bis quam illis est. Sed alia fuere, quae illos magnos fecere, quae nobis nul-
la sunt: domi industria, foris iustum imperium, animus in consulundo li-
22 ber, neque delicto neque lubidini obnoxius. Pro his nos habemus luxu-
riam atque avaritiam, publice egestatem, privatim opulentiam. Laudamus
divitias, sequimur inertiam. Inter bonos et malos discrimen nullum, om-
23 nia virtutis praemia ambitio possidet. Neque mirum: ubi vos separatim si-

---

malārum rērum audācia: ,,Frechheit bei Schandtaten'' — **eō** = *eā rē* — **in extrēmō sita est:** ,,ist am Rande des Abgrunds''

12 **sint sānē:** (coni. concess.) ,,seien sie immerhin'' — **nē** hier = *dummodō nē*: ,,wenn sie nur nicht ..., nur sollten sie nicht ...'' — **perditum īre:** zugrunde richten

13 **compositē:** wohlgesetzt (vgl. 51,9) — **crēdō:** ,,vermutlich'' — **dīvorsō itinere ā bonīs:** ,,weitab von den Guten''

14 **pūblicāre:** als Staatseigentum einziehen, beschlagnahmen (vgl. 51,43) — **populārēs coniūrātiōnis:** Mitverschwörer (vgl. 22,1)

15 **quasi vērō:** als ob

18 **attentus:** aufmerksam — **languēre:** schlaff sein, nachlässig sein — **iam** hier: sogleich — **ferōcēs:** prädikativ

20 **multō** = *longē* — **quippe:** denn

22 **sequī** hier: frönen, huldigen — **ambitiō** hier: Strebertum

23 **sēparātim:** abgesondert

bi quisque consilium capitis, ubi domi voluptatibus, hic pecuniae aut gra-
tiae servitis, eo fit, ut impetus fiat in vacuam rem publicam.
24 Sed ego haec omitto. Coniuravere nobilissumi cives patriam incendere,
Gallorum gentem infestissumam nomini Romano ad bellum arcessunt,
25 dux hostium cum exercitu supra caput est; vos cunctamini etiam nunc et
26 dubitatis, quid intra moenia deprensis hostibus faciatis? Misereamini cen-
seo — deliquere homines adulescentuli per ambitionem — atque etiam ar-
27 matos dimittatis: ne ista vobis mansuetudo et misericordia, si illi arma ce-
28 perint, in miseriam convortat. Scilicet res ipsa aspera est, sed vos non ti-
metis eam. Immo vero maxume. Sed inertia et mollitia animi alius alium
exspectantes cunctamini, videlicet dis immortalibus confisi, qui hanc rem
29 publicam saepe in maxumis periculis servavere. Non votis neque suppliciis
muliebribus auxilia deorum parantur; vigilando, agundo, bene consulen-
do prospere omnia cedunt. Ubi socordiae te atque ignaviae tradideris, ne-
30 quiquam deos implores: irati infestique sunt. Apud maiores nostros A.
Manlius Torquatus bello Gallico filium suom, quod is contra imperium in
hostem pugnaverat, necari iussit, atque ille egregius adulescens immode-
31 ratae fortitudinis morte poenas dedit; vos de crudelissumis parricidis quid
32 statuatis, cunctamini? Videlicet cetera vita eorum huic sceleri obstat. Ve-
rum parcite dignitati Lentuli, si ipse pudicitiae, si famae suae, si dis aut ho-
33 minibus umquam ullis pepercit. Ignoscite Cethegi adulescentiae, nisi ite-
34 rum patriae bellum fecit. Nam quid ego de Gabinio, Statilio, Caepario lo-
quar? Quibus si quicquam umquam pensi fuisset, non ea consilia de re
35 publica habuissent. Postremo, patres conscripti, si mehercule peccato lo-
cus esset, facile paterer vos ipsa re corrigi, quoniam verba contemnitis.
Sed undique circumventi sumus. Catilina cum exercitu faucibus urget, alii
intra moenia atque in sinu urbis sunt hostes; neque parari neque consuli
quicquam potest occulte: quo magis properandum est.

---

hīc hier: im Senat
24 **suprā caput esse:** ,,im Nacken sitzen''
25 **dēprēnsus** = *dēprehēnsus*
26 **cēnseō:** ,,meine ich'' (vgl. *crēdō* 52,13)
27 **nē:** entweder Beteuerungspartikel ,,wahrlich'' oder Konjunktion ,,Seht zu, daß nicht'' — **convortere** hier: reflexiv gebraucht ,,umschlagen''
28 **asper** hier: ernst — **immō vērō maxumē** (sc. *timētis eam*): ,,im Gegenteil, ihr habt doch größte Angst'' — **mollitia animī:** Mangel an Energie
29 **prosperē cēdere:** günstig verlaufen
31 **obstat:** ,,steht im Gegensatz zu ...'', ,,verträgt sich nicht mit ...''
34 **quibus si quicquam umquam pēnsī fuisset:** ,,wenn diese sich je ein Gewissen daraus gemacht hätten''
35 **mehercule:** beim Herkules (Beteuerungsformel) — **peccatō locus est:** ,,es ist Platz für eine Fehlentscheidung'' — **faucibus urgēre aliquem:** jdm. an der Kehle sitzen — **in sinū urbis:** im Herzen der Stadt

36 Quare ego ita censeo: quom nefario consilio sceleratorum civium res pu-
blica in maxuma pericula venerit, iique indicio T. Volturci et legatorum
Allobrogum convicti confessique sint caedem, incendia aliaque se foeda
atque crudelia facinora in civis patriamque paravisse, de confessis, sicuti
de manufestis rerum capitalium, more maiorum supplicium sumundum.'
53 Postquam Cato assedit, consulares omnes itemque senatus magna pars
sententiam eius laudant, virtutem animi ad caelum ferunt, alii alios incre-
pantes timidos vocant. Cato clarus atque magnus habetur: senati decre-
tum fit, sicuti ille censuerat.
2 Sed mihi multa legenti, multa audienti, quae populus Romanus domi mi-
litiaeque, mari atque terra praeclara facinora fecit, forte lubuit attendere,
3 quae res maxume tanta negotia sustinuisset. Sciebam saepenumero parva
manu cum magnis legionibus hostium contendisse; cognoveram parvis co-
piis bella gesta cum opulentis regibus, ad hoc saepe fortunae violentiam
4 toleravisse, facundia Graecos, gloria belli Gallos ante Romanos fuisse. Ac
mihi multa agitanti constabat paucorum civium egregiam virtutem cunc-
ta patravisse, eoque factum, uti divitias paupertas, multitudinem paucitas
5 superaret. Sed postquam luxu atque desidia civitas corrupta est, rursus res
publica magnitudine sua imperatorum atque magistratuum vitia sustenta-
bat ac, sicuti effeta esset partu, multis tempestatibus haud sane quisquam
6 Romae virtute magnus fuit. Sed memoria mea ingenti virtute, divorsis
moribus fuere viri duo, M. Cato et C. Caesar. Quos quoniam res obtule-
rat, silentio praeterire non fuit consilium, quin utriusque naturam et mo-
res, quantum ingenio possum, aperirem.

---

36 **parāvisse** = *praeparāvisse* — **sīcutī de manufestīs rērum capitālium:** „gleich ertappten Schwerverbrechern"

53 **assīdere:** sich setzen, Platz nehmen — **virtus animī:** „mannhafte Haltung" — **ad caelum ferre:** in den Himmel heben — **habērī** hier: gefeiert werden als — **senātī** *(= senātūs)* **dēcrētum:** Senatsbeschluß

2 **mihi ... forte lubuit:** „es reizte mich unwillkürlich" — **attendere** (sc. *animum*): seine Aufmerksamkeit auf etw. richten, achten auf, an etwas denken — **negōtia sustinēre:** Leistungen ermöglichen

3 **contendisse ... tolerāvisse:** erg. *populum Rōmānum* — **cōpiīs** hier = *opibus* — **violentia** hier: Tücke — **fācundia** *(fārī)*: Redegewandtheit — **ante Rōmānōs fuisse** = *Rōmānōs superāvisse*

4 **agitāre** (sc. *animō*) **aliquid:** etw. überlegen, bedenken, erwägen

5 **effētus:** (eig. durch Geburten) erschöpft — **multīs tempestātibus** = *multīs temporibus* — **haud sānē quisquam:** überhaupt niemand, auch nicht ein einziger

6 **quōs quoniam rēs obtulerat:** „da mich der Zusammenhang schon auf sie gebracht hatte" — **quīn:** ohne daß — **quantum ingeniō possum:** „soweit ich es mit meiner Einsicht vermag"

54 Igitur iis genus, aetas, eloquentia prope aequalia fuere, magnitudo animi
2 par, item gloria, sed alia alii. Caesar beneficiis ac munificentia magnus
habebatur, integritate vitae Cato. Ille mansuetudine et misericordia clarus
3 factus, huic severitas dignitatem addiderat. Caesar dando sublevando ig-
noscundo, Cato nihil largiundo gloriam adeptus est. In altero miseris per-
fugium erat, in altero malis pernicies. Illius facilitas, huius constantia lau-
4 dabatur. Postremo Caesar in animum induxerat laborare, vigilare, negoti-
is amicorum intentus sua neglegere, nihil denegare, quod dono dignum es-
set; sibi magnum imperium, exercitum, bellum novom exoptabat, ubi vir-
5 tus enitescere posset. At Catoni studium modestiae, decoris, sed maxume
severitatis erat; non divitiis cum divite neque factione cum factioso, sed
cum strenuo virtute, cum modesto pudore, cum innocente abstinentia cer-
tabat; esse quam videri bonus malebat: ita, quo minus petebat gloriam, eo
magis illum adsequebatur.
55 Postquam, ut dixi, senatus in Catonis sententiam discessit, consul optu-
mum factu ratus noctem quae instabat antecapere, ne quid eo spatio no-
2 varetur, tresviros, quae ad supplicium postulabat, parare iubet. Ipse prae-
sidiis dispositis Lentulum in carcerem deducit; idem fit ceteris per praeto-
3 res. Est in carcere locus, quod Tullianum appellatur, ubi paululum ascen-
4 deris ad laevam, circiter duodecim pedes humi depressus; eum muniunt
undique parietes atque insuper camera lapideis fornicibus iuncta; sed in-
5 cultu tenebris odore foeda atque terribilis eius facies est. In eum locum
postquam demissus est Lentulus, vindices rerum capitalium, quibus prae-
6 ceptum erat, laqueo gulam fregere. Ita ille patricius ex gente clarissuma

---

54 **magnitūdō animī:** hochherzige Gesinnung, innere Größe — **alia aliī:** ,,bei jedem auf andere Weise''

2 **mūnificentia** *(mūnus, facere)*: Freigebigkeit — **integritās** *(integer)* **vītae:** untadelige Lebensführung — **sevēritās** *(sevērus)*: Strenge, Ernst

3 **facilitās** *(facilis)*: Leutseligkeit, Freundlichkeit, Gefälligkeit, Umgänglichkeit

4 **in animum indūcere:** sich zu etw. entschließen, den Entschluß fassen — **vigilāre** hier: rastlos tätig sein — **ēnitēscere:** erstrahlen, hervorleuchten

5 **factiō** hier: politische Geltung — **factiōsus** hier: herrschsüchtig — **pudor** hier: Zurückhaltung — **innocēns:** rechtschaffen, uneigennützig — **abstinentia:** Selbstlosigkeit

55 **in sententiam discēdere:** einem Antrag zustimmen (vgl. 50,4) — **antecapere:** nicht abwarten — **aliquid novātur:** eine neue Lage wird geschaffen — **trēsvirī** (sc. *capitālēs*):Gefängnisvorsteher

3 **humī dēpressus:** im Boden eingelassen, unterirdisch

4 **camera lapideīs fornīcibus iuncta:** ein durch Steinbögen zusammengehaltenes Gewölbe — **incultus, -ūs** *(colere)*: Verwahrlosung, Schmutz

5 **vindicēs rērum capitālium:** Rächer von Kapitalverbrechen, Henker — **laqueus:** Strick, Schlinge — **gula:** Kehle — **laqueō gulam frangere alicuius:** jmd. erdrosseln

Corneliorum, qui consulare imperium Romae habuerat, dignum moribus factisque suis exitium vitae invenit. De Cethego, Statilio, Gabinio, Caepario eodem modo supplicium sumptum est.

56-57 Catilina bildet zwei Legionen. Aber nur der vierte Teil ist mit richtigen Waffen ausgerüstet. Die anderen tragen Jagdspieße, Wurfspeere oder gar zugespitzte Pfähle. Als Antonius heranrückt, marschiert er durch den Apennin und vermeidet einen Kampf. Er hofft auf die Genossen in Rom, weist aber nach wie vor die Sklaven zurück.

Als jedoch in seinem Lager die Nachricht von der Aufdeckung der Verschwörung und der Hinrichtung der Gefangenen eintrifft, verlassen ihn die, *quos ad bellum spes rapinarum aut novarum rerum studium illexerat.* Den Rest führt er in Eilmärschen ins Gebiet von Pistorium. Er hofft, unbemerkt ins jenseitige Gallien zu entkommen. Quintus Metellus Celer erfährt durch Überläufer von seiner Absicht und bezieht Stellung am Nordabhang des Apennin, südlich vom heutigen Bologna und Modena.

Auch Antonius hält sich in der Nähe auf, um Catilina die Flucht abzuschneiden. In dieser bedrängten Lage beruft Catilina eine Versammlung seines Heeres ein und hält etwa folgende Rede:

58 'Compertum ego habeo, milites, verba virtutem non addere, neque ex ignavo strenuom neque fortem ex timido exercitum oratione imperatoris
2 fieri. Quanta quoiusque animo audacia natura aut moribus inest, tanta in bello patere solet. Quem neque gloria neque pericula excitant, nequiquam
3 hortere: timor animi auribus officit. Sed ego vos, quo pauca monerem, advocavi, simul uti causam mei consili aperirem.

4 Scitis equidem, milites, socordia atque ignavia Lentuli quantam ipsi nobisque cladem attulerit, quoque modo, dum ex urbe praesidia opperior, in
5 Galliam proficisci nequiverim. Nunc vero quo loco res nostrae sint, iuxta
6 mecum omnes intellegitis. Exercitus hostium duo, unus ab urbe, alter a Gallia obstant; diutius in his locis esse, si maxume animus ferat, frumenti
7 atque aliarum rerum egestas prohibet; quocumque ire placet, ferro iter

---

58 **compertum ego habeō:** ,,ich weiß aus Erfahrung''

2 **hortēre** = *hortēris* (Potentialis) — **auribus officere:** ,,die Ohren verschließen''

3 **quō** *(= ut eō)*: um auf diese Weise — **pauca monēre:** auf einige wenige Dinge aufmerksam machen

4 **quōque modō** = *et quō modō* — **praesidia, -ōrum** hier: Verstärkung, Hilfe, Entsatz — **operīrī** *opperior, oppertus sum:* erwarten, abwarten

5 **quō locō rēs nostrae sint:** ,,wie schlecht es mit uns steht'' — **iuxtā mēcum:** ,,ebenso wie ich''

6 **sī** (hier = *etiamsī*) **maxumē animus ferat:** ,,auch wenn ich die größte Lust dazu hätte'', ,,beim besten Willen''

7 **quōcumque:** wohin auch immer

8 aperiundum est. Quapropter vos moneo, uti forti atque parato animo sitis
et, quom proelium inibitis, memineritis vos divitias, decus, gloriam, prae-
9 terea libertatem atque patriam in dextris vostris portare. Si vincimus, om-
nia nobis tuta erunt: commeatus abunde, municipia atque coloniae pate-
10 bunt; si metu cesserimus, eadem illa advorsa fient, neque locus neque
11 amicus quisquam teget, quem arma non texerint. Praeterea, milites, non
eadem nobis et illis necessitudo impendet: nos pro patria, pro libertate,
pro vita certamus, illis supervacuaneum est pugnare pro potentia pauco-
rum.
12 Quo audacius aggredimini memores pristinae virtutis! Licuit vobis cum
13 summa turpitudine in exilio aetatem agere, potuistis nonnulli Romae
14 amissis bonis alienas opes exspectare; quia illa foeda atque intoleranda vi-
15 ris videbantur, haec sequi decrevistis. Si haec relinquere voltis, audacia
16 opus est: nemo nisi victor pace bellum mutavit. Nam in fuga salutem spe-
rare, quom arma, quibus corpus tegitur, ab hostibus avorteris, ea vero de-
17 mentia est. Semper in proelio iis maxumum est periculum, qui maxume
timent: audacia pro muro habetur.
18 Quom vos considero, milites, et quom facta vostra aestumo, magna me
19 spes victoriae tenet. Animus aetas virtus vostra me hortantur, praeterea
20 necessitudo, quae etiam timidos fortis facit. Nam multitudo hostium ne
21 circumvenire queat, prohibent angustiae loci. Quod si virtuti vostrae for-
tuna inviderit, cavete, inulti animam amittatis, neu capti potius sicuti pe-
cora trucidemini, quam virorum more pugnantes cruentam atque luctuo-
sam victoriam hostibus relinquatis.'

---

8 **quāpropter:** deswegen
9 **abundē** (Adv.): im Überfluß (vgl. 21,1) — **mūnicipia atque colōniae:** vgl. 17,4
10 **advorsus** hier: verschlossen, unzugänglich
11 **supervacuāneus:** überflüssig, unnötig (vgl. 51,19)
13 **turpitūdō:** Schande — **potuistis nōnnūllī** = *nōnnūllī verstrum potuērunt* — **exspectāre:** ,,Ausschau halten nach''
14 **haec sequī:** dieser Sache, meiner Fahne folgen
15 **mūtāvit:** gnomisches Perfekt, das Erfahrungen wiedergibt (vgl. 51,2; 51,11); Präsens im Deutschen
17 **audācia prō mūrō habētur:** ,,im Mut besitzt man eine Mauer'' (vgl. 1,4)
18 **aestumāre** hier: würdigen — **tenēre** hier: erfüllen
21 **quod sī:** wenn nun, wenn aber — **cavēte:** erg. *nē* — **lūctuōsus:** Geben Sie das Grundwort an, und erschließen Sie die Bedeutung!

59 Haec ubi dixit, paululum commoratus signa canere iubet atque instructos
ordines in locum aequom deducit. Dein remotis omnium equis, quo mili-
tibus exaequato periculo animus amplior esset, ipse pedes exercitum pro
2 loco atque copiis instruit. Nam, uti planities erat inter sinistros montis et
ab dextra rupe aspera, octo cohortis in fronte constituit, reliquarum signa
3 in subsidio artius collocat. Ab iis centuriones, omnis lectos et evocatos,
praeterea ex gregariis militibus optumum quemque armatum in primam
aciem subducit. C. Manlium in dextra, Faesulanum quendam in sinistra
parte curare iubet, ipse cum libertis et colonis propter aquilam assistit,
4 quam bello Cimbrico C. Marius in exercitu habuisse dicebatur. At ex al-
tera parte C. Antonius, pedibus aeger, quod proelio adesse nequibat, M.
5 Petreio legato exercitum permittit. Ille cohortis veteranas, quas tumulti
causa conscripserat, in fronte, post eas ceterum exercitum in subsidiis lo-
cat. Ipse equo circumiens unumquemque nominans appellat, hortatur,
rogat, ut meminerint se contra latrones inermis pro patria, pro liberis, pro
6 aris atque focis suis certare. Homo militaris, quod amplius annos triginta
tribunus aut praefectus aut legatus aut praetor cum magna gloria in exer-
citu fuerat, plerosque ipsos factaque eorum fortia noverat: ea commemo-
rando militum animos accendebat.

60 Sed ubi omnibus rebus exploratis Petreius tuba signum dat, cohortis pau-
2 latim incedere iubet; idem facit hostium exercitus. Postquam eo ventum
est, unde a ferentariis proelium committi posset, maxumo clamore cum
3 infestis signis concurrunt; pila omittunt, gladiis res geritur. Veterani, pri-

---

59 **commorārī:** verweilen, sich aufhalten — **canere** hier: ertönen (lassen) — **quō mīlitibus ... animus amplior esset:** „damit die Soldaten ... größeren Mut hätten" — **perīculum exaequāre:** die Gefahr gleich verteilen — **prō cōpiīs:** entsprechend der Art und Zahl seiner Truppen

2 **signum** hier: Abteilung, Schar — **in subsidiō:** „als Reserve" — **artius:** vgl. *artus* eng, beengt „auf ziemlich engem Raum";

3 **ēvocātī:** altgediente Soldaten, die auf den Ruf eines Feldherrn wieder zur Fahne geeilt sind, „altgediente Kriegsfreiwillige" — **mīles gregārius** *(grex)*: einfacher Soldat — **in prīmam aciem subdūcere:** in die erste Kampflinie vorholen — **cūrāre** hier: kommandieren — **colōnus:** Siedler, Bauer — **propter aquilam assistere:** „sich neben dem Legionsadler aufstellen"

4 **pedibus aeger:** „wegen eines Fußleidens" (Gicht)

5 **cohors veterāna:** eine aus alten Soldaten bestehende Kohorte

6 **homō militāris** (prädikativ): „als alter Soldat" — **tribūnus** (sc. *mīlitum*): Militärtribun, Oberst — **praefectus:** Kommandant, Hauptmann — **legātus:** Unterfeldherr — **praetor** hier: Oberbefehlshaber

60 **incēdere** hier: vorrücken

2 **unde** *(= ut inde)*: daß von dieser Stelle aus — **ferentāriī, -ōrum:** Wurfschützen (mit Schleuder und Wurfspieß) — **cum īnfestīs signīs:** „im Sturmangriff"

stinae virtutis memores, comminus acriter instare, illi haud timidi resi-
4 stunt: maxmuma vi certatur. Interea Catilina cum expeditis in prima acie
vorsari, laborantibus succurrere, integros pro sauciis arcessere, omnia
providere, multum ipse pugnare, saepe hostem ferire: strenui militis et bo-
5 ni imperatoris officia simul exsequebatur. Petreius ubi videt Catilinam,
contra ac ratus erat, magna vi tendere, cohortem praetoriam in medios
hostis inducit eosque perturbatos atque alios alibi resistentis interficit.
6 Deinde utrimque ex lateribus ceteros aggreditur. Manlius et Faesulanus in
primis pugnantes cadunt. Catilina postquam fusas copias seque cum pau-
cis relictum videt, memor generis atque pristinae suae dignitatis in confer-
tissumos hostis incurrit ibique pugnans confoditur.
61 Sed confecto proelio tum vero cerneres, quanta audacia quantaque animi
2 vis fuisset in exercitu Catilinae. Nam fere quem quisque vivos pugnando
3 locum ceperat, eum amissa anima corpore tegebat. Pauci autem, quos
medios cohors praetoria disiecerat, paulo divorsius, sed omnes tamen ad-
4 vorsis volneribus conciderant. Catilina vero longe a suis inter hostium ca-
davera repertus est, paululum etiam spirans ferociamque animi, quam ha-
5 buerat vivos, in voltu retinens. Postremo ex omni copia neque in proelio
6 neque in fuga quisquam civis ingenuos captus est: ita cuncti suae hostium-
7 que vitae iuxta pepercerant. Neque tamen exercitus populi Romani laetam
aut incruentam victoriam adeptus erat. Nam strenuissumus quisque aut
8 occiderat in proelio aut graviter volneratus discesserat. Multi autem, qui e
castris visundi aut spoliandi gratia processerant, volventes hostilia cada-
vera amicum alii, pars hospitem aut cognatum reperiebant; fuere item,
9 qui inimicos suos cognoscerent. Ita varie per omnem exercitum laetitia,
maeror, luctus atque gaudia agitabantur.

---

4 **expedītī:** Sturmtruppen — **vorsārī** etc.: histor. Infinitive — **integrī:** frische Truppen

5 **contrā ac:** ganz anders als — **tendere** = *contendere* — **cohors praetōria:** Leibgarde (des Feldherrn) — **aliōs alibī:** da und dort — **utrimque ex lateribus:** ,,von beiden Innenflanken her''

6 **in prīmīs:** in den ersten Reihen — **cōnfodere:** durchbohren, niederstechen

61 cernerēs: Potentialis der Vergangenheit ,,man hätte sehen können''

2 **pūgnandō** = *pūgnāns*

3 **mediōs:** ,,aus dem Zentrum'' — **paulō dīvorsius:** etwas mehr abseits — **advorsa volnera:** Wunden auf der Brust

4 **longē:** weit weg — **ferōcia animī:** wilder od. trotziger Mut, Kampfeslust, Unerschrockenheit

9 **variē** (Adv.): auf verschiedene Weise — **agitāre:** lebhaft äußern

Besonderheiten der Sprache Sallusts

(Lautlehre (L), Formenlehre (F) und Wortwahl (W))

I. Lautlehre

1. Gebrauch der altertümlichen Silbe *vo-* statt des üblichen *ve-* und *vu-*
   Beispiele: divorsi (2,1) für *diversi, convortit* (6,7) für *convertit, univorsos* (20,1), für *universos, vostra* (20,2) für *vestra, voltum* (10,5) für *vultum, advorsis volneribus* (61,3) für *adversis vulneribus*
2. Bildung des Superlativs auf -umus (-e)
   Beispiele: *maxume* (1,3), *verissume* (4,3), *iustissumus atque optumus* (10,6), *ignavissumus* (12,5), *proxumus* (26,1)
3. Altertümliches *u* statt *i* vor Lippenlauten
   Beispiele: *finitumus* (6,4), *legitumus* (6,6), *aestumare* (8,2), *lubido* (13,3), *existumare* (14,7)
4. Bildung des Gerundiums und Gerundivums bei den Verben der 3. und 4. Konjugation auf *-undus*
   Beispiele: capiundus (5,6), *accipiundus* (6,5), *opprimundus* (16,4), *leniundus* (48,5)
5. Kasusendung *-os* statt *-or*
   Beispiele: colos (15,5), *honos* (20,8)
6. Kasusendungen *-os* statt *-us,* Beispiele: *ingenuos* (61,6)
   -om statt *-um,* Beispiele: *novom* (51,8)
7. Für die Konjunktion *cum* wird die altertümliche Form *quom* verwendet (22,1 u. 2; 36,4), statt *cui, cuius, cuiquam, cuiusvis, cuique, cuiusdam* stehen *quoi* (20,11), *quoius* (51,25), *quoiquam* (33,1), *quoiusvis* (17,7), *quoique* (2,1), *quoiusdam* (49,2)

II. Formenlehre

1. Genitiv Singular bei den Neutra der o-Deklination auf *ī* statt *ii*
   Beispiele: ingeni (1,3), *imperi* (2,1), *consili* (17,5), *praesidi* (49,4)
2. Genitiv Singular der u-Deklination gelegentlich *-i* statt *-us*
   Beispiele: *senati* (30,3; 36,5; 53,1), *tumulti* (59,5)
3. Akkusativ Plural bei den i-Stämmen der 3. Deklination auf *-īs* statt *-ēs* (eine allerdings auch sonst häufige Nebenform)
   Beispiele: *omnis* (1,1), *mortalis* (1,5), *urbis* (2,2), *ferocis animos* (11,5), *subvorsos montis* (13,1), *testis falsos* (16,2), *egentis* (37,8)
4. Ablativ Plural des Relativpronomens altertümlich *quīs* statt *quibus* (31,1)
5. Häufige Verwendung der Endung *-ēre* statt *-ērunt* in der 3. Person Plural Perfekt Aktiv
6. Häufige Verwendung der altertümlichen Formen *foret* und *forent* statt *esset* bzw. *essent*

III. Wortwahl

1. Bevorzugung intensiver (bzw. frequentativer) Verben (auf *-tare* und *-itare*) an Stelle der einfachen Verben ohne erkennbaren Bedeutungsunterschied
   Beispiele: *consultare* (6,6), *agitare* (9,5), *ductare* (11,5), *rogitare* (31,1), *minitari* (49,4), *sustentare* (53,5)
2. Negation *haud* für *non* (besonders bei Litotes)
   Beispiele: *haud absurdum* (3,1), *haud facile* (13,5)
3. Altertümliche bzw. dichterische Wendungen
   Beispiele: *ceterum* für *sed* (17,6; 20,6), *cupido* für *cupiditas* (7,3; 10,3), *decet* für *oportet* (51,1; 13), *facinus* für *factum* (2,9; 53,2), *formido* für *timor* (20,7), *mortalis* für *homo* (1,1; 1,5; 2,8), *tempestas* für *tempus* (7,1; 36,4)

Die von Sallust häufig verwendeten Stilmittel wie z. B. Hendiadyoin, Alliteration, Inkonzinnität, Anapher, Chiasmus und Asyndeton werden wie seine syntaktischen Eigentümlichkeiten zu den einzelnen Stellen im Arbeitskommentar angegeben. Die Verweise auf die vorangegangene Zusammenstellung finden sich nur in den ersten Kapiteln, da sie nach einer Phase des ,,Einlesens'' vertraut und geläufig sind.

Begleittexte

1. Thukydides, Geschichte des Peloponnesischen Krieges I 20-22

(übersetzt von G. P. Landmann)

Der Athener Thukydides (460 - 400 v. Chr.), den man den größten Geschichtsschreiber der Antike genannt hat, schreibt am Anfang seiner historischen Monographie über den griechischen Bruderkrieg:

So unbemüht sind die meisten in der Erforschung der Wahrheit und bleiben lieber bei den herkömmlichen Meinungen. Wer sich aber ... die Dinge doch etwa so vorstellt, wie ich sie geschildert habe, wird nicht fehlgehen, unverführt von den Dichtern, die sie in hymnischer Aufhöhung ausgeschmückt haben, noch von den Geschichtenschreibern, die alles bieten, was die Hörlust lockt, nur keine Wahrheit — meistenteils unglaubhafte, durch die Zeit sagenartig eingewurzelte Unbeweisbarkeiten; vielmehr wird man sie nach den augenfälligsten Anzeichen für ihr Altertum zur Genüge aufgehellt finden. Und obgleich die Menschen den Krieg, den sie gegenwärtig gerade führen, immer für den größten halten, um nach seinem Ende wieder das Frühere höher zu bewundern, so wird doch dieser Krieg sich dem, der auf das wirklich Geschehene merkt, als das größte aller bisherigen Ereignisse erweisen.
Was nun in Reden hüben und drüben vorgebracht wurde, während sie sich zum Kriege anschickten, und als sie schon drin waren, davon die wörtliche Genauigkeit wiederzugeben war schwierig sowohl für mich, wo ich selber zuhörte, wie auch für meine Gewährsleute von anderwärts; nur wie meiner Meinung nach ein jeder in seiner Lage etwa sprechen mußte, so stehen die Reden da, in möglichst engem Anschluß an den Gesamtsinn des in Wirklichkeit Gesagten. Was aber tatsächlich geschah in dem Kriege, erlaubte ich mir nicht nach Auskünften des ersten besten aufzuschreiben, auch nicht „nach meinem Dafürhalten", sondern bin Selbsterlebtem und Nachrichten von andern mit aller erreichbaren Genauigkeit bis ins einzelne nachgegangen. Mühsam war diese Forschung, weil die Zeugen der einzelnen Ereignisse nicht dasselbe über dasselbe aussagten, sondern je nach Gunst oder Gedächtnis. Zum Zuhören wird vielleicht diese undichterische Darstellung minder ergötzlich scheinen; wer aber das Gewesene klar erkennen will und damit auch das Künftige, das wieder einmal, nach der menschlichen Natur, gleich oder ähnlich sein wird, der mag es so für nützlich halten, und das soll mir genug sein: zum dauernden Besitz, nicht als Prunkstück fürs einmalige Hören ist es aufgeschrieben.

1. Von welcher Art der Geschichtsschreibung distanziert sich Thukydides ausdrücklich?
2. Wo sieht er die besonderen Schwierigkeiten des Historikers?
3. Wie hat er die eingestreuten Reden konzipiert? Welche Aufgaben erfüllen sie?
4. Vergleichen Sie in diesen Punkten Sallust mit seinem großen Vorbild.

2. Cicero, De oratore II 62 - 63

In Ciceros Dialog vom Redner spricht Marcus Antonius, einer der größten Redner des vorciceronianischen Zeitalters, zu seinen Gesprächspartnern von der Geschichtsschreibung:

Nam quis nescit primam esse historiae legem, ne quid falsi dicere audeat? deinde ne quid veri non audeat? ne qua suspicio gratiae sit in scribendo? ne qua simultatis? 63. Haec scilicet fundamenta nota sunt omnibus. Ipsa autem exaedificatio posita est in rebus et verbis. Rerum ratio ordinem temporum desiderat, regionum descriptionem; volt etiam, quoniam in rebus magnis memoriaque dignis consilia primum, deinde acta, postea eventus exspectantur, et de consiliis significari quid scriptor probet, et in rebus gestis declarari non solum quid actum aut dictum sit, sed etiam quo modo; et cum de eventu dicatur, ut causae explicentur omnes vel casus vel sapientiae vel temeritatis, hominumque ipsorum non solum res gestae, sed etiam, qui fama ac nomine excellant (de) cuiusque vita atque natura.

1. Welche Tugend muß den Geschichtsschreiber vor allem auszeichnen?
2. Unter welchen Gesichtspunkten soll er die Ereignisse schildern?
3. Wie stellt er sich der Grundtatsache, daß Menschen Geschichte machen?

---

simultās: Feindschaft — **exaedificātiō:** vollendete Ausführung — **rērum ratiō:** „das Verhältnis der Dinge zueinander" — **volt** *(= vult)* erg. *ratiō* — **temeritās:** Unbesonnenheit

3. Livius, Ab urbe condita, Praefatio 9 - 12

In der Einleitung zu seinem 142 Bücher umfassenden Geschichtswerk, das die Zeit von der Stadtgründung bis zum Tode des Drusus (9 v. Chr.) beschrieb, sagt Livius (59 v. Chr. - 17 n. Chr.), nachdem er sich von sagenhaften Ausschmückungen der römischen Urzeit distanziert hat:

Ad illa mihi pro se quisque acriter intendat animum, quae vita, qui mores fuerint, per quos viros quibusque artibus domi militiaeque et partum et auctum imperium sit; labente deinde paulatim disciplina velut desidentes primo mores sequatur animo, deinde ut magis magisque lapsi sint, tum ire coeperint praecipites, donec ad haec tempora, quibus nec vitia nostra nec remedia pati possumus, perventum est. Hoc illud est praecique in cognitione rerum salubre ac frugiferum, omnis te exempli documenta in inlustri posita monumento intueri: inde tibi tuaeque rei publicae quod imitere capias, inde foedum inceptu, foedum exitu, quod vites.

---

lābī hier: in Verfall geraten — **dēsīdere** hier: verfallen — **praecipitēs eunt:** „sie verfallen endgültig" — **remedium:** Heilmittel — **salūber, -bris, -bre:** heilsam — **inlūstris:** einleuchtend — **inde:** daher — **foedum inceptū:** schändlich in seinem Beginn

Ceterum aut me amor negotii suscepti fallit aut nulla umquam res publica nec maior nec sanctior nec bonis exemplis ditior fuit, nec in quam civitatem tam serae avaritia luxuriaque immigraverint, nec ubi tantus ac tam diu paupertati ac parsimoniae honos fuerit: adeo quanto rerum minus, tanto minus cupiditatis erat; nuper divitiae avaritiam et abundantes voluptates desiderium per luxum atque libidinem pereundi perdendique omnia invexere. Sed querellae, ne tum quidem gratae futurae, cum forsitan necessariae erunt, ab initio certe tantae ordiendae rei absint.

1. Worauf hat der Historiker seine Aufmerksamkeit zu richten?
2. Welche Verdienste mißt Livius gerade dem römischen Staate zu?
3. Wo sehen Sie Gemeinsamkeiten bzw. Unterschiede zu Sallusts Geschichtsauffassung?

---

sanctus hier: fromm — **dīs, dītis** = *dīves* — **sērus:** spät — **parsimōnia:** Sparsamkeit — **abundāns:** im Überfluß vorhanden — **dēsīderium:** sehnsüchtiges Verlangen — **invehere:** mit sich bringen — **querella:** Klage — **forsitan:** vielleicht

4. von Treitschke, Die Aufgabe des Geschichtsschreibers

(Aufsätze, Reden und Briefe 4, S. 787/88)

Heinrich von Treitschke (1834 - 1896) erklärt bei der Übernahme der Redaktion der ,,Historischen Zeitschrift'', des auch heute noch bedeutendsten Fachblattes der deutschen Geschichtswissenschaft:

Dichtung, Philosophie, Historie, die drei idealen Zweige aller Literatur, die in ihren Meisterwerken bis an die Höhen der Menschheit hinaufreichen und jeden Menschen unmittelbar berühren, sind eben darum auch allezeit von Berufenen wie von Unberufenen gemeistert, gescholten, über ihre Pflichten belehrt worden. Wir haben erlebt, daß Naturforscher uns die Nutzlosigkeit aller politischen Geschichtsschreibung nachwiesen, während noch nie ein Historiker sich erdreistet hat, den Physiologen oder den Physikern ihre Aufgaben vorzuschreiben. Auch die Halbdenker und Halbwisser wähnen sich zu Pfadfindern berufen. Der darstellende Historiker muß, sobald er seinen Rohstoff gesammelt hat, von dem Späteren auf das Frühere zurückschließen und sich in der Stille fragen: welche dieser ungezählten Ereignisse, von denen er doch nur einen Ausschnitt geben kann, wahrhaft fördernd oder hemmend auf die neuen Gestaltungen des Lebens eingewirkt haben; dann erst kann er mit Klarheit das Wesentliche nach der Zeitfolge erzählen. Dem Dilettanten, der die wissenschaftliche Geduld niemals lernt, scheint diese dreifache Arbeit zu langweilig; er bleibt auf der zweiten Stufe stehen, er sucht das Vergangene aus dem Gegenwärtigen zu erklären und stellt die Geschichte kurzerhand auf den Kopf.

Die Historie hat seit dem Altertum ihren Schwerpunkt nicht verändert. Sie will unserem Geschlechte ein denkendes Bewußtsein seines Werdens erwecken; dies Werden aber vollzieht sich in der Welt der sittlichen Freiheit, in der Welt des Wollens und des Handelns, und da die Völker nur in politischer Ordnung zu wollenden Persönlichkeiten werden, so haben die res gestae der Völker, die Taten der Staaten und ihrer führenden Männer von jeher die breite Mitte jeder historischen Darstellung eingenommen. Alle Zeiten haben vom rechten Historiker neben der Sicherheit kritischer Forschung zunächst Menschenkenntnis und politische Sachkunde verlangt. Nach dem übereinstimmenden Gefühl aller Völker, wogegen keine Doktrin aufkommt, sind die Männer der Tat die eigentlich historischen Helden; denn durch sie werden die großen Machtkämpfe der Geschichte entschieden.
Bescheiden erkennt der politische Historiker die Schranken seines Denkens. Wir können und wollen nicht ergründen, wie der historische Held entsteht, der, nach des Dichters Worten, Namen gibt der rollenden Zeit; wir vermögen nicht einmal mit Sicherheit zu sagen, wieweit er durch die Ideen, die Gefühle, die Interessen seines Volkes bestimmt wird und wieweit er selbst sie bestimmt; wir gestehen auch willig, daß die Schönheit der Geschichte zum Teil auf dem Unbeweisbaren beruht, denn nur darum kennt sie keine Wiederholungen, weil die unerforschliche Macht des Schicksals über das Kommen und Gehen der handelnden Menschen entscheidet.

1. Welche Kritik an der Geschichtswissenschaft gibt es, und wie weist sie Treitschke zurück?
2. Was versteht er unter dem ,,politischen Historiker''? Was verlangt er von ihm?
3. Wo sieht er Grenzen und Reiz der Geschichtsschreibung?
4. Wie wird Sallust solchen Idealen gerecht?

5. Nietzsche, Vom Nutzen und Nachteil der Historie für das Leben

§ 6 (Auszüge)

Im zweiten Stück seiner ,,Unzeitgemäßen Betrachtungen'' stellt Friedrich Nietzsche (1844 - 1900) ebenso subjektive wie anregende Behauptungen zur Geschichtsschreibung auf.

Nun ist sogar noch eine fürchterliche Spezies von Historikern übrig, tüchtige, strenge und ehrliche Charaktere - aber enge Köpfe; hier ist der gute Wille gerecht zu sein ebenso vorhanden wie das Pathos des Richtertums.
Um hier ganz von den verkappten Egoisten und Parteigängern abzusehen, die zum bösen Spiele, das sie spielen, eine recht objektive Miene machen. Ebenso abgesehen von den ganz unbesonnenen Leuten, die als Historiker im naiven Glauben schreiben, daß gerade ihre Zeit in allen Popularansichten recht habe, und daß dieser Zeit gemäß zu schreiben so viel heiße, als überhaupt gerecht zu sein.

Jene naiven Historiker nennen „Objektivität" das Messen vergangener Meinungen und Taten an den Allerwelts-Meinungen des Augenblicks: hier finden sie den Kanon aller Wahrheiten; ihre Arbeit ist, die Vergangenheit der zeitgemäßen Trivialität anzupassen. Dagegen nennen sie jede Geschichtsschreibung „subjektiv", die jene Popularmeinungen nicht als kanonisch nimmt.
Und sollte nicht selbst bei der höchsten Ausdeutung des Wortes Objektivität eine Illusion mit unterlaufen? Man versteht dann mit diesem Worte einen Zustand im Historiker, in dem er ein Erlebnis in allen seinen Motiven und Folgen so rein anschaut, daß es auf sein Subjekt gar keine Wirkung tut.
Dies wäre eine Mythologie und eine schlechte obendrein: zudem vergäße man, daß jener Moment gerade der kräftigste und selbsttätigste Zeugungsmoment im Innern des Künstlers ist, ein Kompositionsmoment allerhöchster Art, dessen Resultat wohl ein künstlerisch wahres, nicht ein historisch wahres Gemälde sein wird. In dieser Weise die Geschichte objektiv denken ist die stille Arbeit des Dramatikers; nämlich alles aneinander denken, das Vereinzelte zum Ganzen weben; überall mit der Voraussetzung, daß eine Einheit des Planes in die Dinge gelegt werden müsse, wenn sie nicht darinnen sei.
So hoffe ich, daß die Geschichte ihre Bedeutung nicht in den allgemeinen Gedanken, als einer Art von Blüte und Frucht, erkennen dürfe: sondern daß ihr Wert gerade der ist, ein bekanntes, vielleicht gewöhnliches Thema, eine Alltags-Melodie geistreich zu umschreiben, zu erheben, zum umfassenden Symbol zu steigern und so in dem Original-Thema eine ganze Welt von Tiefsinn, Macht und Schönheit ahnen zu lassen.
Dazu gehört aber vor allem eine große künstlerische Potenz, ein schaffendes Darüberschweben, ein liebendes Versenktsein in die empirischen Data, ein Weiterdichten an gegebenen Typen - dazu gehört allerdings Objektivität, aber als positive Eigenschaft.
In gewissen Fällen wagt sich die Banalität der Gesinnung, die Jedermanns-Weisheit, die nur durch ihre Langweiligkeit den Eindruck des Ruhigen, Unaufgeregten macht, hervor, um für jenen künstlerischen Zustand zu gelten, in welchem das Subjekt schweigt und völlig unbemerkbar wird. Dann wird alles hervorgesucht, was überhaupt nicht aufregt, und das trockenste Wort ist gerade recht. Ja man geht so weit anzunehmen, daß der, den ein Moment der Vergangenheit gar nichts angehe, berufen sei, ihn darzustellen.
Also: Geschichte schreibt der Erfahrene und Überlegene. Wer nicht einiges größer und höher erlebt hat als alle, wird auch nichts Großes und Hohes aus der Vergangenheit zu deuten wissen. Der Spruch der Vergangenheit ist immer ein Orakelspruch: nur als Baumeister der Zukunft, als Wissende der Gegenwart werdet ihr ihn verstehen.

1. Welche Historiker verachtet der Autor?
2. Was versteht er unter Objektivität?
3. Worin liegt das Künstlerische im Geschichtsschreiber?
4. Messen Sie Sallust an seinen Anforderungen!

6. Koselleck, Standortbindung und Zeitlichkeit

in: Objektivität und Parteilichkeit in der Geschichtswissenschaft, S. 19 - 24 mit Auslassungen

Reinhart Koselleck, ein moderner Historiker, schreibt zur „vormodernen Metaphorik der Unparteilichkeit":

Daß die Berichte über menschliches Tun und Lassen, über Taten und Leiden vom Historiker wahrheitsgetreu abzufassen seien, gehört seit alters zur Topologie der Kunst- und Wissenschaftslehren der Historie. Und die Versicherung, entsprechend verfahren zu wollen, taucht laufend in den Werken der Geschichtsschreibung auf. Die Regeln, nicht lügen zu dürfen und die volle Wahrheit sagen zu sollen, gehören seit Lukian[1)] oder Cicero zur methodischen Selbstversicherung aller Historiker, um nicht in das Reich der Fabeldichter verwiesen zu werden. Auffallend an dieser Position ist freilich nicht der Wahrheitsappell, sondern die naheliegende und gern damit verknüpfte Forderung, die Wahrheit rein und unvermittelt erscheinen zu lassen. Nur unter Absehung von der eigenen Person, ohne Leidenschaft und Eifer, „sine ira et studio", also unparteiisch oder überparteilich könne die Wahrheit selbst zum Sprechen gebracht werden.

Unbeschadet der polemischen Pointe, die solche Feststellungen gegen Widersacher oder Fachkollegen enthalten mochten, lauert hinter ihnen eine Art naiver Realismus, wenn man schon erkenntnistheoretische Bezeichnungen sucht für Zeitalter, die auf solche Etiketten nicht aus waren.

Ein untrügliches Indiz für den naiven Realismus, der die Wahrheit der Geschichten ungebrochen zur Erscheinung zu bringen hoffte, ist die Spiegelmetapher. „In keiner Weise entstellt, verblaßt oder verzerrt" solle das Bild sein, das der Historiker einem Spiegel gleich zurückwerfen müsse ...

Eine ebenso häufige Variante der erkenntnistheoretischen Unbekümmertheit ist im Gleichnis der „nackten Wahrheit" enthalten, die ein Historiker zu schildern habe. Dabei darf nicht der anhaltende Impuls unterschätzt werden, der aus dieser Metapher spricht, nämlich die Wahrheit einer Geschichte für sich selbst sprechen zu lassen, wenn überhaupt sie erfahren werden und wirken soll. Aber beim Wort genommen zwingt diese Forderung ebenfalls den Autor, sich jeden Urteils zu enthalten, womit die Spiegelmetapher nur bekräftigt wird ...

Ein dritter Topos, wie die anderen seit der Antike tradiert, führt uns in das Zentrum unserer Fragestellung. Es war ebenfalls Lukian, der die Wendung vom „apolis" in die Begrifflichkeit der Historie einführte. Ein Geschichtsschreiber müsse „in seinem Werk ein Fremdling sein, vaterlandslos, autonom und keinem Herrscher untertan". Nur im herrschaftsfreien Raum könne man sich an die Wahrheit halten und vorbehaltlos „berichten, was sich zugetragen hat". Der Schritt zu Ranke[2] scheint nicht weit, als dieser seinen historischen Ansatz definierte: er [der

1) Lukian (120 - 180 n. Chr.) syrischer Sophist, der als Wanderredner das römische Weltreich durchreiste. Witziger und geistreicher Kritiker, der sich auch dazu äußerte, „wie man Geschichte schreiben soll".

2) Leopold v. Ranke (1795 - 1886), einer der bedeutendsten deutschen Historiker.

Geschichtsschreiber] solle nicht richten oder belehren, „er will bloß zeigen, wie es eigentlich gewesen" ...

Selbstverständlich haben früher schon die Kunstlehren der Historik den Einfluß der erzählenden oder schreibenden Subjekte auf die Form ihrer Darstellung bedacht ...

Der Historiker als Künstler oder als moralischer Richter spielte eine produktive Rolle, die immer wieder gegen die Forderung einer rezeptiven Schau abzuwägen war. Schon Lukian hatte seine Spiegelmetapher relativiert, als er im gleichen Abschnitt den Historiograhen mit einem Bildhauer verglich, dem das Material vorgegeben sei, der es aber - gleich Phidias - möglichst wirklichkeitsgetreu zu bearbeiten habe. Denn - und so lautet die Begründung - der Zuhörer müsse mit eigenen Augen die Ereignisse deutlich sehen, von denen ihm berichtet wird ...

Die Metaphern, die einen naiven Realismus einschließen, zehren vom Augenzeugen, weniger vom Ohrenzeugen, der durch seine Präsenz die Wahrheit einer Geschichte verbürgt. Es war die Geschichtsschreibung der Gegenwart bzw. ihrer jüngsten Vergangenheit, von der methodisch ausgegangen wurde. Allenthalben konnte sie, wie bei Herodot[3], drei Generationen zurückgreifen, um mit Hilfe noch lebender Ohrenzeugen vergangene Ereignisse heraufzuholen und glaubhaft zu machen. Der Vorrang der zeitgenössischen Geschichtsschreibung ... blieb ungebrochen.

1. Welche Topoi (allgemein anerkannte Denkschemata) der Geschichtsschreibung stellt Koselleck zusammen?
2. Warum nennt er die dort angeführten Forderungen „naiven Realismus"?
3. Wie stehen Sie zum Problem der Überparteilichkeit des Historikers?
4. Schrieb Sallust *sine ira et studio*? Wo war er „Künstler" und „moralischer Richter"?

3) Herodot von Halikarnassos (484 - 425 v. Chr.), „Vater der Geschichtsschreibung".

Zeittafel

108 (?) Catilina geboren

106 Cicero geboren

100 Cäsar geboren

95 Cato der Jüngere geboren

1.10.86 Sallust geboren

83 Brand des Jupitertempels auf dem Kapitol

82/81 Beteiligung Catilinas an den sullanischen Proskriptionen. Er bringt möglicherweise seinen Bruder und seinen Schwager um, sicher aber Marius Gratidianus, den Neffen des Marius und Vetter von Ciceros Vater.

73 Anklage und Freispruch Catilinas und der Vestalin Fabia

68 Catilina Prätor

67 Catilina beutet als Proprätor die Provinz Africa rücksichtslos aus.

66 Anklage Catilinas wegen Erpressung *(de repetundis)*. Er wird von der geplanten Bewerbung um das Konsulat 65 ausgeschlossen.

66/65 Angebliche ,,Erste Catilinarische Verschwörung''

65 Freispruch Catilinas im Erpressungsprozeß (wahrscheinlich durch Bestechung)

64 Catilina bewirbt sich, von Crassus und Caesar unterstützt, um das Konsulat für 63, unterliegt aber gegen Cicero.

63 Catilina bewirbt sich mit der Wahlparole ,,Schuldentilgung und Ausplünderung der Besitzenden'' um das Konsulat für 62, fällt aber erneut durch und bereitet den Umsturz vor.

22. od. 23.9. Unbestätigte Nachrichten darüber beschäftigen den Senat, der aber nichts unternimmt.

21.10. Nach Meldungen über Truppenansammlungen in Etrurien erfolgt das *senatus consultum ultimum* — ein Notstandsbeschluß, der den Konsuln (in ihrem Umfang allerdings verfassungsrechtlich umstrittene) Sondervollmachten erteilt.

27.10. Mobilmachung der Truppen des Manlius in Faesulae

28.10. Die für diesen Termin geplanten Ereignisse (Erhebung, Brandstiftung, Optimatenmord) finden nicht statt.

6./7.11. Besprechung Catilinas mit den Rädelsführern im Haus des Laeca

7.11. Zwei Catilinarier versuchen beim Morgengruß ein Attentat auf den von Curius und Fulvia vorgewarnten Cicero.

8.11. Auf dieser Senatssitzung im Tempel des Juppiter Stator hält Cicero seine erste Rede gegen Catilina, der unerwartet selbst erschienen ist.

8./9.11. Catilina verläßt Rom und geht zum Heer des Manlius nach Faesulae.

9.11. Ciceros zweite Rede gegen Catilina, dieses Mal vor dem Volk.

Mitte Nov. Catilina und Manlius werden zu Staatsfeinden erklärt.

3.12. Den Gesandten der Allobroger werden belastende Schriftstücke abgenommen, die Rädelsführer der Verschwörung verhaftet und auf einer Senatssitzung im Tempel der Concordia verhört. Am Abend berichtet Cicero in seiner dritten Rede gegen Catilina dem Volk auf dem Forum von der Aufdeckung der Verschwörung.

5.12. Der Senat berät im Tempel der Concordia über die Bestrafung der Catilinarier. Erst spricht Cäsar, dann hält Cicero seine vierte Rede gegen Catilina. Den Ausschlag gibt die Rede Catos, der das noch in derselben Nacht vollstreckte Todesurteil folgt.

Mitte Dez. Die Heere des Konsuls C. Antonius und des Prätors Q. Metellus marschieren nach Etrurien.

Anfang 62 Catilina und 3000 seiner Anhänger fallen im Endkampf bei Pistorium. Cicero erhält den Ehrennamen *pater patriae.*

Frühjahr 62 Prozesse gegen die restlichen Verschwörer.

58 Ächtung Ciceros wegen seines Vorgehens gegen die Catilinarier, jedoch schon 57 Rückberufung aus der Verbannung.

46 Cato nimmt sich nach Cäsars Sieg in der Schlacht von Thapsus in Utica das Leben.

15.3.44 Ermordung Cäsars

43 Ermordung Ciceros

13.5.34 od.35 Tod Sallusts

Gliederung der Coniuratio Catilinae

Einleitung: 1 - 4,2

Themastellung: 4,3 - 4,5

Vorgeschichte der Verschwörung 5,1 - 16,5
- Charakteristik Catilinas 5,1 - 5,8
- Roms allmählicher Verfall als Hintergrund der catilinarischen Verschwörung 5,9 - 13,5
  - Exkurs zur Bedeutung der Geschichtsschreibung 8,1 - 8,5
- Catilinas Werdegang 14,1 - 16,5

Die Vorbereitung der Verschwörung 17,1 - 39,5
- Erste Versammlung 17,1 - 22,3
  - Exkurs über die sog. erste Verschwörung 18,1 - 19,6
- Verrat des Curius und Wahlniederlage Catilinas für 63 23,1 - 25,5
  - Semproniaexkurs 25,1 - 25,5
- Wahlniederlage für 62 und Entschluß zu gewaltsamen Aktionen 26,1 - 36,3
  - Exkurs über die Zerrüttung Roms als Hintergrund für die Verschwörung 36,4 - 39,5

Die eigentliche Verschwörung bis zur Niederwerfung in Rom 39,6 - 55,6
- Die Entwicklung bis zur Aufdeckung durch die Allobroger 39,6 - 45,4
- Gerichtliche Untersuchungen 46,1 - 49,4
- Verhandlungen und Hinrichtung der Catilinarier 50,1 - 55,6
  - Rede Cäsars 51,1 - 51,43
  - Rede Catos 52,1 - 52,36
  - Senatsbeschluß und Synkrisis 53,1 - 54,6
  - Vollstreckung des Urteils 55,1 - 55,6

Endkampf in Etrurien 56,1 - 61,9